・攝影・張志輝

巴黎
的
那場婚禮

康原・編著

晨星出版

美夢成眞是給有心理準備的人

林明德

一

有天，康原帶著《巴黎的那場婚禮》清樣到我的辦公室來，臉上泛著興奮與喜悅的神色，開門見山地說：「麻煩你為新書寫篇文章。」我翻著清樣，直覺內涵充實多元，不愧是一種另類的旅遊文學。

「我認為你是巴黎婚禮台北歸寧喜宴的主婚人，也是『法國．葡萄牙．西班牙走法』的支持者，更何況芳伶、迦瑩都寫了，……還有，大家因你而結緣、創作、出書，你當然不可缺席，……」康原以主編的立場娓娓道出必須為新書寫篇文章的理由。

個人認為茲事體大，面對如此多重的理由，不知不覺的肅穆了起來。

「給我一些時間，……」我如是回答，絕不是推拖。

→法國巴黎（攝影．張志輝）

一次次翻閱清樣，讓我一次次陷入回憶，而片斷往事悠悠醒來，歷歷在目。

二

康原一家人每年都有出國旅遊的計畫，說是忙裡偷閒，為自己放些假，換個環境讓身心放鬆，充分休閒，又可增廣見聞充實生命內涵。二〇〇八年四月，彰師大國文系一場「作家現身」結束後，大夥開車上卦山「黑公雞」餐敘，康原正式宣布七月有趟歐洲之旅，歡迎大家報名。

「這麼湊巧！七月十二日，迦瑩與Eric兩人將在巴黎舉行婚禮，歡迎大家光臨，我請客。」我接著說。

沒想到康原就為歐洲之旅——法國．葡萄牙．西班牙的走法加入「巴黎的那場婚禮」的新鮮元素，營造浪漫與狂想的旅遊情趣。這個訴求相當有吸引力，立即獲得文友們的響應，二十人的團隊於焉成立。康原兄嫂是一對旅遊達人，在他們細心的規劃、執行下，配合經驗豐富的導遊小陳，共同完成了十五日的驚艷之旅。我說，美夢成真的機會，是給有心理準備的人。

三

七月十二日下午三時，迦瑩與Eric的婚禮在巴黎市郊Lamorlaye小鎮市政廳舉行，由副市長福證，迦瑩挽著我的手、Eric牽著親家母，隨音樂旋律步入禮堂，儀式流暢，充滿溫馨，在現場觀禮的一百多人（包括旅歐團二十人、芳伶好友十人，親家來賓七十人）為「螽斯衍慶」作見證。步出禮堂大門，人人一把白米紛紛灑向一對新人與雙方主婚人，以表示最大的祝福，讓我見識到異國民俗的特殊儀式。

←新娘迦瑩挽著父親的手，隨音樂旋律步入禮堂。（攝影‧周世添）

午后六點多，雖是黃昏時候，陽光卻相當明亮，大夥陸續抵達Pontarme城堡，這座古堡建築典雅，結構完整，有莊園、牆垣、護城河，聳立於山坡綠茵之間，彷彿人間仙境，可說是歷史建築再利用的範例。

雞尾酒會二小時，大家品各樣酒，嚐鮮美小點心、牛肉串，酒深情亦深，在這裡這時候，酒是共同的語言，消解了彼此的心理距離。我穿梭其間，杯舉不停，既聆聽大家的祝福，也感受大家的喜樂。酒酣耳熱之際，台灣三十位親朋好友，個個主動展現島國的人情味與交際語彙，其潛能之迸發，令人刮目相看。

晚上八點，婚宴正式開始，席開三十桌，好友陳慶浩、譚惠珍博士，安必諾、何碧玉教授夫婦，亦趕來祝賀，Eric的爸爸為保險業高階退休，媽媽是退休教師，他倆人情練達風度優雅，舉杯歡迎、感謝大家，為喜宴揭開序幕。

接著一道道的法國大菜：大盤中兩顆碩大干貝球加鵝肝醬，精緻碟上多種生菜加橄欖油，一支偌大的烤羊小腿，盤面配合炸餛飩球、烘蛋、磨菇與苜宿芽，……。

酒過三巡，我與芳伶、憲仁、康原起身逐桌向親家、好友、貴賓敬酒，多謝親家的安排，婚宴古色古香、溫馨感人，迦瑩在一旁翻譯，我看到親家滿意的笑容。面對台灣朋友的醒醒睡睡，我舉杯說：「謝謝大家迢迢千里來參加迦瑩婚禮，請盡情品嚐美酒佳餚；

回台灣，九月十三日欣葉歸寧會親喜宴，歡迎大家一道來，讓法國朋友也體驗吃到睡著的滋味，好不好？」大家突然清醒過來，哈哈大笑中傳來叫好聲。

最後一道甜點是起司，時間已近子夜。賓客紛紛走向長廊，開始下一個節目；觀看新人回憶錄影後，接著舞會，繼續喝酒、聊天、唱歌、跳舞，個個忘了時間，渾似巴黎夜未央。迦瑩在旁解釋說：「法國婚禮晚會的高潮往往延續到早上三、四點，表示對新人最誠摯的祝福。」導遊小陳忽然低聲催促台灣親友搭車返巴黎，繼續他們的發現之旅。

我帶著幾分酒意，與親家母跳了一曲熱舞，渾然忘我，身段如行雲流水。「老熊跳得不錯耶！」迦瑩好像新發現似的叫了出來。我說：「太興奮了，黑貓祝你幸福美滿。」

慶浩、惠珍來告辭，特別告訴我與芳伶：「這種喜宴在法國算是盛會的了。」

「多謝慶浩兄的光臨與祝福，巴黎見。」我回答說。

四

九月十三日，我們為迦瑩舉辦歸寧喜宴，地點是台北欣葉本店，在半年前預訂的，我的學生的學生李鴻鈞總經理透露，正好是重新裝璜後的第一場宴席，為十五日的開幕暖身，真是「喜臨門」。我提出喜宴大菜的五個要求：一要精緻、二要新鮮、三要環保、四要味道獨特、五要空間情境，好讓親朋好友享受一頓台灣味；席開四十桌，請幫忙規劃，共同來一次飲食文化出擊。「老師，您放心，我會跟主廚阿南師好好研究，再跟您協商，推出台灣風味的婚宴菜譜。」總經理信心十足地回答。

經過多次討論，我們終於決定喜宴菜譜十二道，包括：（一）雙拼沙拉龍蝦．五味九孔、（二）孔雀烏魚子、（三）蹄圓海參、（四）八寶干貝、（五）花好月圓、（六）金錢蝦餅、（七）美味中點、（八）如意魚捲、（九）蔭豉上蟳、（十）枸杞人參燉金雞、（十一）什錦水果、（十二）甜點．甜湯。

接著，開出名單，請助教、助理分別打電話，我特別叮嚀通話的程序是：「請問您那天有行程嗎？」若回答「有」，就直接說明歸寧喜宴，願與您分享喜氣，多謝；要是回答「沒有」，就敘明歡迎參加歸寧喜宴，我們將安排道地台灣菜譜，美味紅酒，與您共享，歡迎您。

確定名單後，由我親自撥電話，經過三、四次的通話，確認三、四百人。地分台、澎、金地區；對象包括：學術界、文化界、文學界、出版界、民間藝人、彰師大同仁、輔大中文系師友，以及林、賴兩家的親戚。旅居日本福岡的王孝廉教授突然出現，帶給迦瑩意外的驚喜，奧地利針灸名醫曾乾一還現場高歌一曲，算是喜宴的祝賀音符，這些情誼讓芳伶與我深深感動。

值得一提的是，貴賓當中有不少睽違多年，幾乎失聯的，經過每人三、四通的電話聯繫，重新拉近心理距離，彼此更珍惜這份親情與友誼。

九月十三日，辛樂克颱風襲台，氣象局報導誇大威力，人心惶惶。家裡的電話整個上午響個不停，都是那句話：「喜宴要不要延期？」我的回答是：「台北風雨平平。喜宴大事，風雨無阻，請準備上路。」

風雨的中午，欣葉台菜四十桌，匯集了台法親友的祝福。我上台致辭，感謝親朋好友的蒞臨，也感謝Eric家人千里來聚會，今天的台灣味菜譜是精心規劃的，紅酒由李總理推薦，請大家盡情品味別出心裁的喜宴。

党魁曾永義教授，一向追求人間愉快，品美酒嚐佳餚，笑容可掬的說道：「明德，看你結交的朋友，用心設計的喜宴，好菜好酒好朋友，風雨故人來，你做人成功了。」我說：「多謝党魁的肯定，乾杯。」管党大嫂在我的耳邊說道：「今天的菜，是我吃過喜宴最好的一次。」我們碰杯喝了一大口紅酒。

芳伶與我帶領迦瑩、Eric以及親家，一一向來賓敬酒、感謝。午后三點喜宴接近尾聲，我們分別贈送來賓「俊美喜餅」乙盒，好讓大家留下甜美的回憶。

……

看著新書清樣，我想起種種，寫了這些。喜宴緣聚，我心存感激。

五

《巴黎的那場婚禮》，書型32開，二百頁，內含四輯，即：一、巴黎的那場婚禮；二、法國葡萄牙西班牙，一路，寫詩；三、戀戀不忘，浪漫花都與陽光城市；四、浮光掠影。作者有康原、廖玉蕙夫婦、楊翠母子、岩上父女、周世添夫婦、石德華、蕭蕭、芳伶與迦瑩。體裁包括：散文、旅遊文學、新詩，以及張志輝的藝術攝影（二十四張）、周世添記錄攝影（二十張）、嚴玟鑠的數位影像（十三張）與蔡全茂的城市速寫（二十四張）加上廖玉蕙傳神的圖說，在美妙的喜宴之外，又繳交豐碩的文藝成績，毋寧是另一種令人欣羨的心靈「喜宴」。

正如康原所說的：「愛情、親情與友情在這本書交集，成為豐厚的內涵，……娶媳婦的歡愉、嫁女兒的不捨、親友的祝福，比翼雙飛的甜蜜，加上一群熱愛文學、藝術的朋友，共同旅歐十五天，如同船共渡是一種緣份。這本書是最美好的紀錄，也是最好的見證。」

可見新書出版的多重意義，我在驚喜感動之餘，突然發現，這是一次不可思議的「壯遊」，他們集體完成了一個夢想，為旅遊文學提供新視野，也為旅遊文化開出新範例。

↑為旅遊文化開出新範例的藝文界旅歐團／攝影・周世添

〈附錄〉

記憶匣子的片斷

之一、迦瑩來相會＊（2004.11.8）

上午九點，大夥搭車抵達會場。地點是Ruhr-Universitat Bochum；議題是New-Approaches to Taiwan Literature（台灣文學研究的新途徑）；議程一天半，七場次十六篇，加上一場作家、譯者的座談會。

從場域、手冊、議程，到與會學者專家的意見溝通，在在證明魯爾大學台灣文學研究已有相當的深度與廣度，倘若說波爾多第三大學正在起步——翻譯，則魯爾大學可說是進入研究層次了。這應該歸功於馬漢茂教授二十多年的努力。

來自台灣的學者雖然已在波爾多第三大宣讀過論文，但在魯爾大學的會議上，往往能駕輕就熟，推演新意，引發現場觀眾的熱烈回應。

＊2004年遠赴德國魯爾大學參加學術研討會，迦瑩隻身橫跨英法海峽，與我相會。

更難得的是胡代表在座聆聽了一天，駐德台北代表處的三位官員也都凝神觀照了所有場次的論文，其精神令人感佩。

迦瑩由倫敦輾轉到波鴻，進駐我的房間。下午五點半，電話報平安。讓在會場擔心一整天的我，終於放下心來。覺得女兒真是厲害，為探望有病（疱疹）在身的老爸，奔波又輾轉十多個小時來相會。

晚上七點，大家搭車前往Burg Blankenstein用餐，這是一座古堡，可以俯瞰小鎮，遠眺山村，十分幽靜。

七點二十分，瑞明帶著迦瑩前來會合。大家看看迦瑩又瞧瞧我，異口同聲地說：「像爸爸。」

春明兄更是熱情地與迦瑩聊天談戲劇。

晚餐是駐外單位招待。大盤的生菜，任人摘取，加上橄欖油，淡而有味；德國豬腳一大塊，肉嫩味美，佐之以白酒或紅酒，吃得相當盡興，有人稱讚：「人間美味。」最後一大盤櫻桃醬加乳酪，讓許多人大快朵頤，直說過癮。看迦瑩吃得那麼開心，我感到欣慰。春明兄在旁邊說：「有女兒真幸福。」我說：「多謝。」

服務生高興地端來一杯白酒，聽說是德國正式晚宴的飯後酒，要一口喝光，大家紛紛舉杯，真是有趣。

十一點多，宴會結束。古堡外，夜深天寒。回到旅館已是十一點半。父女他鄉聚會，聊了一個小時才就寢。

之二、一場成功的研討會（2004.11.9）

今天進入研討會的第二天。上午三場次六篇，加上兩次Coffee Break，會議結束將近午后一點一刻。議程緊湊，討論熱絡，是一場相當成功的會議，兩天四十多人的參與可為見證。

接著，大夥魚貫走向大學餐廳，户外天氣有些寒冷。迦瑩隨遇而安，跟與會學者談得十分融洽，我在一邊看得出來。

飯後，參觀馬漢茂一手策劃成立的台灣文學研究室。規模小而精，是相當用心經營的小型圖書館，堪稱麻雀雖小，五臟俱全。不過資料僅止於二〇〇〇年，後面出版品似乎中斷了，很是可惜。

之後，兵分二路：一參觀昨日夜飲的古堡；一返回旅館休憩。五點二十分餐廳集合。我疲累睡著，醒來趕緊下樓，發現大夥都走了，衹好回房間聯絡、等待。迦瑩來電話，說Neder馬上開車來接我與陳芳明。

匆匆用完餐，大家上車趕往波鴻文化中心。三樓已擠進百人，靜靜聆聽黃春明、李昂、朱天文的朗讀與譯者的詮釋，並進行雙向溝通，台上台下，笑聲時起。

我在後面坐著，黎湘萍陪坐旁邊。面對這場作家之夜，深深感覺到德國人民的文學趣味，原來是那麼的純正。

九點半，大家散步回客棧。天氣寒冷又下雨，或戴帽或撐傘或淋雨。我憑著經驗斷定說：「今夜會下雪。」

之三、聽天安排（2004.11.10）

一夜數醒。眺望窗外，似乎有下雪的跡象。清晨五點，我看見馬路來往的車輛中，從山那邊來的車頂都覆蓋一層白雪。

這證明我的猜測是不錯的。衹是當地德國朋友都不太相信，因為今年的雪似乎來的太早了。

上午，原本安排參觀科隆大教堂，因為積雪過深，交通可能會有問題，臨時取消。早餐，大家吃得不太起勁。後來韓可龍教授與大家商量，參觀具有特色的煤礦博物館，大家臉上才露出了笑容。想想一個上午困守旅館的滋味，一旦能瀏覽波鴻煤礦博物館，其心情是可想而知的。午餐前，迦瑩與我、韓教授告辭，細雨中，看她獨自踏上往波鴻車站的道路。頻頻回頭要我多保重，我叮嚀她注意安全。

餐後，搭車前往博物館。它蓋於一九二〇年代，後來陸續拓展，才有今天的規模，展場相關的開礦歷史、機械發明、礦坑安全，應有盡有，可見經營軟體上的用心。置身其間，聆聽專家導覽，我們不僅親近歷史，也進行一趟深度的文化之旅。

尤其難得的是，該館文化創意產業，琳瑯滿目，或寶石或油燈或懷錶或Logo或銅飾物，往往能誘發人的購買慾。

五點半，車抵杜塞道夫機場。八點半通關。九點四十分，抵達巴黎機場。我撥電話給迦瑩報平安，她人在「海底之星」，接近倫敦。

上法航飛香港前，機場擺了一個烏龍，聽說八十二號登機口附近發現疑似暴裂物的行李。經過一番波折才解除緊張。我們延誤了一個小時才登機，擔心到香港轉機返台的時間。我心想，聽天安排罷。如此只能如此。

婚禮、旅遊與創作

——序《巴黎的那場婚禮》

康原

為了參加明德、芳伶的女兒迦瑩與Eric的婚宴，我們安排了十五天的旅歐行程：三天在巴黎，一天到葡萄牙，其餘的日子去西班牙。我找一些文藝界的友人共同參與，大部分是明德、芳伶熟悉的文友，另外幾位是我的同學顏龍榮的家人，其中詩人蕭蕭伉儷已辦完出國手續，後來未能成行，最後出遊的共有二十個人。出發前我就對這些朋友說：「回國後要出版一本書，書名就定為《巴黎的那場婚禮》。」這些朋友都答應了。我們書寫的範圍，除了婚禮之外，亦可書寫旅歐散記，攝影家用影像、畫家用速寫捕捉心中的意象，算是一種有計畫創作，為這場跨國婚禮的新人做見證，也為個人這趟行程留下紀錄。

在歐洲旅遊的日子，大夥兒說說笑笑，雖然每天吃、喝、玩、

→西班牙／攝影・張志輝

樂，但在導遊介紹風景與當地的歷史人文之時，團員們勤做筆記、或速寫、按快門，想多了解一些異國的風俗民情，累積寫作素材，每天早出晚歸，時間很快過去了。回到台灣兩個月後，沒有收到一篇稿件，想盡辦法給這些朋友催稿件，但這些作家朋友們每個都很忙，好像忘了我們的約定，我只有勤打電話，並告訴這些朋友，最後繳稿的日期為：迦瑩回台歸寧宴客的九月十三日。

迦瑩回來了，喜宴設在台北欣葉餐廳。這天辛克樂來參一角，把天空噴灑成一片白茫茫的色彩，猶如新娘的白紗禮服。從彰化出發的朋友，在彰化師大乘坐校車，車上我們欣賞攝影家張志輝在婚宴中拍攝的影像作品，抵達台北已經中午十二點。明德在餐廳招待親朋好友，席開四十桌，來的賓客除了法國的親戚外，大部分是文化界的朋友，我們被排入旅歐親友團之桌，剛好方便我催促稿件，大家都說還在撰寫，我採取緊迫盯人的方式，並個個擊破說：「只剩下你未繳稿。」這次喜宴後終於收到模範生廖玉蕙寄來第一篇作品，及全茂兄的速寫圖檔。

我逼不得已的催稿計謀，後來被廖玉蕙拆穿了，他在全茂為我速寫的一張圖說上寫著：「唉呀！慘了！這群難搞的作家怎樣才能讓他們準時繳稿！我得費點心思才成。回台灣後，我先騙甲：乙已經繳了；再回頭哄乙：甲早就乖乖繳卷；然後，再告訴丙：大師！你比較重要，你必須寫兩篇。呵呵呵……康原露出詭譎的笑容。」

過了一個月，稿件終於收齊了，散記六篇、新詩十一首、速寫二十四張、攝影五十七張，還有台北欣葉宴客記實報導由石德華、蕭蕭兩人撰寫。婚宴我們從台灣吃到法國，再從法國吃回台北，兩國的宴客方式雖然有些差異，但心情都是歡欣與甜蜜的，由這些作家朋友寫入文中，我們還請主婚人明德、芳伶各寫一篇女兒于歸心情，也請新娘迦瑩撰寫一篇戀愛與婚姻的心路歷程〈我們什麼時候回家〉。

本書分成四輯有三種作品：第一「巴黎的那場婚禮」。在這場婚禮中，廖玉蕙觀察到這樣的畫面「女主角的父親林明德副校長雖然刻意歡顏笑語，卻更顯曲意釋懷的惆悵；女孩的母親賴芳伶教授，不知是時差尚未調整好？抑或沉浸在女兒即將遠走高飛的失落感裡，顯得沉默凝肅，法國的親家則因憑空多了個女兒，笑得好不開懷。」而楊翠寫著「餐前酒和點心，法國人只是淺嚐，一派悠閒，聊天才是正事。初到此地的我們，在等候中，飢腸轆轆，猛吃小點心，八點多晚宴開桌時，幾乎已經快吃飽了，望著一道道豐盛精緻的正統法式美食，真覺得對自己抱歉。」楊翠的兒子魏揚也寫著「當服務生為我們端上第一道菜時，我嚥著口水，盯著那兩大塊淋上美味醬汁的干貝，與一塊焗烤鵝肝醬，開始覺得方才乘著腹餓而理直氣壯大肆掃蕩法式點心，似乎是件不智之舉。然後，那道接力在干貝焗鵝肝之後端上桌的法國名菜——羊蹄燉蔬菜，更是以它那驚人的份量，徹底地擊垮我們台灣親友的脆弱且渺小的胃袋。」在這一輯中，可讀到法國人與台灣人不同的生活方式與習俗。

第二為「歐遊城市散記及詩抄」。到了西班牙，筆者有這樣的想像：「小時候對於西班牙的印象是西部牛仔與鬥牛，對勇猛智慧的鬥牛士感到敬佩，長大以後閱讀塞凡提斯的《唐吉訶德》後，對於唐吉訶德的處世精神有點敬佩，幾年前台灣省文獻館館長劉峰松，很喜歡這部小說，便以作者『塞凡提斯』之名在員林開了一家西班牙料理的餐廳，這家店位於員林鎮崇實高工旁的巷子，店面路旁有排林蔭綠道，員林鎮鬧中取靜的優雅環境。塞凡提斯充滿人文色彩，主題圍繞在騎士、愛情與信仰，對人生有激勵作用，他們賦予咖啡館的意涵，如同掛在門口的簡短字句，『一家給人信心、勇氣與愛情的店』。還成立唐吉訶德讀書會來閱讀這部小說。在店中引用了書中的一段話，以唐吉訶德自侃暗喻自己：『我做了遊俠騎士以來，已經變得勇敢、文明、慷慨、豁達、高貴、有禮、敢作、敢為、和氣而耐性、吃得消勞苦、拘囚和著魔種種的了。』」我人在西班牙，卻想到了故鄉的人與事。名詩人岩上〈西班牙陽光〉如此寫著：

廣場上，躺臥的
街道上，溜躂的
沙灘上，假眠的

她們以胴體袒露的熱情
迎接陽光

我們只是過客
撐著陽傘
戴著寬邊的帽子躲躲閃閃

是否我們體力不支
抑或旅途勞頓？
是否我們來自南島已吸足陽光
抑或數百年來
在殖民統治陰影下
習慣怕見陽光？

第三種為「旅歐掠影記事」，是透過速寫與影像構成，畫家蔡全茂雖然是學理工科學的人才，曾經與夫人廖玉蕙出過幾本文集《曾經的美麗》、《像我們這樣○○的老師》等作品插圖，這趟的歐洲之旅，畫筆不離手，我們選擇了二十四幅畫做成專輯，圖說則由廖玉蕙撰寫。另外攝影家張志輝也交出「攝影家的旅歐意象」二十四張，這位拍過《胸無成竹》、《靈靜山水》專集的藝術家，被其師阮義忠說是向自然習法的人：把攝影的傳統文化，與攝影的藝術本質，做了務實而本分的實踐。在嶺東科技大學視覺傳播系兼課的藝術家嚴玟鑠，也有十三張數位影像創作，從這些作品中，可以看出這位藝術家：「在數位影像創作上，嚮往著空靈與靜謐，好像喜歡老子的無為觀，看似消極而隱世的精神，影像卻能孕出生命的原動力。」另外，周世添也拍攝了喜宴現況與小鎮的風情，精彩的二十張影像也呈現在本書中，豐富讀者們的感官。

愛情、親情與友情在這本書交集，成為豐富的內涵，這些珍貴的情感可以讓生命永續下去。娶媳婦的歡愉、嫁女兒的不捨、親友們的祝福，比翼雙飛的甜蜜；加上一群熱愛文學、藝術的朋友，共同旅遊十五天，如同船共渡是一種緣份。這本書是最美好的紀錄，也是最好的見證。

巴黎的那場婚禮

目次

輯三・戀戀不忘，浪漫花都與陽光城市

輯四・浮光掠影

巴黎
的
那場婚禮

康原・廖玉蕙・楊翠
岩上・嚴玟鑠・魏揚
林惠敏・石德華・蕭蕭
賴芳伶・林迦瑩

→新娘迦瑩與新郎Eric
（林迦瑩提供）

迦瑩的幸福浪漫婚禮

康原

穿過重重疊疊的雲層

為了參加好友林明德的千金迦瑩小姐在巴黎的婚禮，我找了二十位朋友，一起飛往法國來見證一對異國婚姻的典禮，順便做一次西、葡、法的歐洲之旅，這些朋友有作家、攝影家、教授、畫家、詩人以及其親屬，大家相約回國以後，每個人寫一篇文章，書寫巴黎的婚宴與十五天的旅遊所見所聞，記下親朋好友一起旅遊的心情。

長時間的旅途中，坐飛機是一件困擾的事，活動的空間有限，久坐之後腰酸背痛，或許年齡大了，坐著難以入眠，在飛機經濟艙的狹窄座位上枯坐，透過小小的窗戶，看著機身穿過一層一層不知深處的雲，朵朵飄逸如綺麗的人生變幻著，穿越過眼雲煙，腦海中浮起一件件往事。認識林明德約有三十年的時間了，當年他在輔仁大學中文系任教，我們在文化活動的場合認識，他的夫人賴芳伶在中興大學中文系任教，雖然只是淡淡之交，但當我們相遇之時，總是相知相惜，聚在一起總會喝上兩杯，人生的際遇總是一種因緣。幾年前明德從輔大退休，轉到彰化師大國文系任教，他從台北來到彰化，人地比較生疏，我想該盡一點地主之誼，交往的機會多了。當年我正好當賴和紀念館館長，推薦明德擔任賴和文教基金會董事，也當過賴和文教基金會執行長，參與策畫與館務並推動彰化地方文化。後來他當國文系主任及台文所所長，也邀請我到系上做專題演講，並在台灣文學研究所開授「作家講座」課程，帶領研究生書寫村莊歷史。近年來他當彰化師大副校長，我們發起推動「彰化學」的學術研究，共同策畫叢書出版「彰化學」相關事宜。

七月十一日清晨，我們從桃園國際機場飛往香港機場，再轉機飛往荷蘭的阿姆斯特丹，約花了十二個小時，從阿姆斯特丹飛往巴黎的戴高樂機場，約八十分鐘的時間，這段時間中我一直想著認識迦瑩的一些記憶。剛認識迦瑩是明德帶她來彰化玩，那是我們初次見面，當時迦瑩還讀大學的外文系，幾年後我到巴黎去旅遊，在一家餐廳聽到有人在喊：康叔叔，我回頭看到迦瑩，他鄉遇熟人感到特別興奮。閒聊中才知道她跑到巴黎來玩，她與薛平南、趙慶河教授等人一起吃飯，我真驚訝她的好眼力，要不是她叫我，我也認不出迦瑩。當年有一位詩人的朋友很喜歡迦瑩的乖巧與善解人意，就聳恿自己的孩子去追迦瑩，但天不從人願，我們也感到有點遺憾，迦瑩出國求學了，跑到英國去研究莎士比亞，攻讀博士學位而認識了法國青年 Eric Suarez，終於締結了這對異國情侶，真是千里姻緣。邀集的這些朋友，大部分與明德都是熟悉，在飛機上討論著參加法國人的婚宴，是否要盛裝打扮，有法國生活經驗的人，說現代人不一定要穿西裝，但至少要穿襯衫打領帶，是最基本的禮儀。我們為了慶賀迦瑩的婚禮，才召集此巴黎婚禮旅遊團，所以有些朋友都帶了很正式的禮服，作家廖玉蕙還在機場買了一個名牌的皮包，是為了參加婚禮的晚宴。千里奔波花掉二十四小時的勞累時間，入夜後我們住進了巴黎的旅店，用熱水洗去旅途中的勞累，等待隔日巴黎的這場婚宴，用實際的行動來祝福迦瑩的喜宴，分享她結婚的喜悅。

巴黎市包羅萬象，有古建築、豪華的大道、聞名而時尚的店家，各種有名的飲食。在藝術、文化、時尚、文學、藝術上，都確立了光耀的地位。聽說法國人也帶著優越感，不喜歡說英語，你用英語問他他竟然答法語，這種優越的驕傲，常常不給外國人好臉色。巴黎當然也有窮家的鄙陋地方，受歧視的有色人種，流浪在外的乞丐游民。來此欣賞巴黎的世界遺產之外，也有最現代的高樓大廈，我們都渴望三天的巴黎之旅，能有一些好的發現。

←LamorLaye市政廳。
（攝影．周世添）

幸福與浪漫的婚禮

期待的日子，終於到了！

七月十二日是一個天氣晴朗的日子，午餐過後回到旅舍盥洗，盛妝打扮後驅車前往巴黎市郊的一個小鎮，在LamorLaye市政廳上舉行迦瑩的結婚典禮，二十多位台灣來的友人，約提前一個鐘頭抵達市政廳，這是一個星期六的下午，婚禮的時間未到市政廳還鎖著，我們就走入小鎮的商家，樸實的鎮上建築色彩多樣，攝影家張志輝展開他的鏡頭追逐，內人與廖玉蕙走入服飾店買了一件還不到新台幣一千元的麻紗小外套，仔細研究才知道此件衣服的製造地點是中國，二十一世紀中國製造的物品充斥整個世界，雖然便宜裁製工夫卻不精緻。

這是一個陽光燦爛的日子，親朋好友陸續進入市政廳的結婚禮堂，期待觀賞這場溫馨而具意義的典禮，公證結婚的儀式，法語雖然聽不懂，但看結婚儀式的步驟，與台灣法院的公證結婚雷同，其中安排新郎的妹妹（Muriel Suarez）為兄嫂「Kate 與 Eric 的結婚頌詞」，這篇頌詞的內容是這樣說的：「衆所期待的一刻終於到來，在此的所有人有幸與你們共享幸福的時分。對於擔任證人的我而言，這個日子不但溫馨，且別富意義。昔日的兩顆心，今日因愛結而為一。婚姻融合了願望，揉雜了夢想，使喜樂加倍，使疼痛減低。婚姻象徵一種神祕的美好——由和諧與信任交織而成。愛，是雙方的心相屬，卻不過份黏著；一如廟宇的樑柱間隔著適當的距離，也像橡樹與檜木般各自茁壯，不依賴彼此的涼蔭。愛，是欣見對方如花朵盛放。不試著去改造對方，也不企圖去凌駕對方。長相左右，接受彼此的全部。牽起彼此的手，你們的心倍覺踏實。擁彼此入懷，你們身溢暖意。打開彼此的心房，你們迎接無比的愛與喜悅。在你們心裡，掌握當下的情意。當生命遭逢挫折，這份情意將助你們度過難關。自此以往，你們成為夫婦，共組一個純真秀美的家庭。所有的夢想都將一一實現。最後，謹獻上我誠摯的祝福。並請好好掌握你們手中的未來。」這是一篇充滿著溫馨與祝福的頌詞，也表達出法國人的愛情與婚姻的觀感，愛，是相互彼此的尊重，婚姻是一種有情人終成眷屬的實踐。

新郎的妹妹頭帶白色的公主帽子，穿著黑色的無肩洋裝，上方相間一段白色，腰繫著白色皮帶，在台上唸頌詞時，語調中充滿著喜悅，臉上浮現著迷人的微笑。手持鮮花的新娘與新郎比肩而坐，接受親人的祝福，整個會場充滿著一種喜氣，想必每個人的心中，都衷心祝福這對不同國籍的新人「永浴愛河」，台下的親友是最好的見證，鎂光燈在禮堂中閃爍不停，為這場婚禮留下永恆的記憶。

結婚的儀式完成後，親友們與新人合影留念，從禮堂內拍到室外，當新郎牽著新娘在花童的陪伴下走出室外，親友們向兩位新人撒出一把把的白米，象徵給新人帶來好運、幸福快樂。拍照時先從雙方家族開始合照，遠從台灣來的親朋好友，也與新人的家族留影，在婚禮進行的過程中，我觀察明德、芳伶伉儷，女兒找到好的歸宿，表情充滿著喜悅，但我發現他們的眼中帶著不捨，心中一定帶著別離女兒的愁緒。活潑大方的新娘，在這場婚禮上還充當翻譯的角色，為了使男女雙方能溝通，新娘拿起麥克風做說明，一向木訥寡言的芳伶說：「這像我生的女兒嗎？」

約兩個小時的婚禮儀式完成之後，我們轉移到Pontarme城堡享用雞尾酒餐會，到達城堡時新人先進入城內拍婚紗照片，我們在城外的庭園拍照。在城堡外，我們遇到一個穿牛仔褲的女孩，帶著黑帽騎著一匹白馬，微笑的繞著古堡的周圍散步著。堡外白色的欄杆、蒼鬱的闊葉樹，與一片翠綠的草坪，旁邊還有水池；黃昏，太陽滾落水中，樹的倒影映入水面——攝影家張志輝開始捕捉心中的美麗意象。

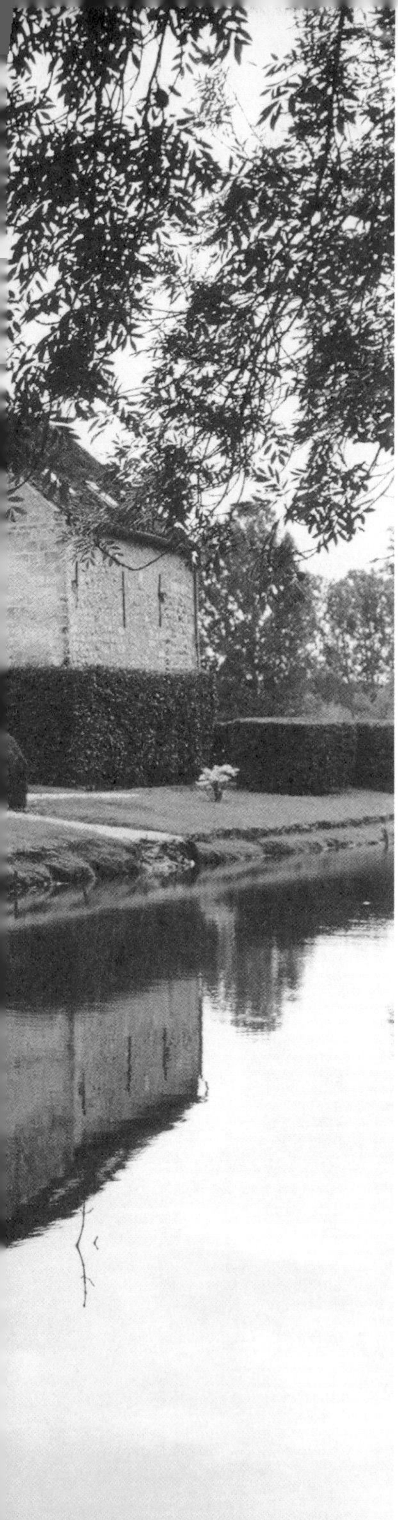

←Pontarme城堡。
（攝影・張志輝）

←新郎新娘相挽著手親密的端著酒杯，接受大家的祝福。（攝影．周世添）

城堡的門打開之後，我們陸續進入庭園，造型特殊的堡中之屋裡，已排好晚宴的餐桌，屋外的庭園已佈置好餐會的各種佳餚、點心，一杯杯金黃色澤的雞尾酒已上桌，賓主各持酒杯相互敬酒，輕輕相擊的酒杯發出悅耳的聲音，帶點汽泡的雞尾酒下肚，三三兩兩的賓客在敬酒中閒聊，台灣去的親友嘗著各種點心滋味，咀嚼法國人緩慢的浪漫生活步調，來參加這場宴會的兒童也聚在一起搶玩具、玩砂石，也有在草皮上相互作弄，古堡的庭院中充滿著歡笑聲。

迦瑩穿著白紗禮服，顯出修長而婀娜多姿的身材，與英俊瀟洒穿西裝的Eric，相挽著手親蜜的端著酒杯，接受大家的祝福，臉頰露出幸福而滿足的笑臉，時而轉向親戚朋友敬酒，兩個多小時過去了，晚上九點正式的晚宴開始了，豐盛的美食上桌了，不知是旅途勞累或時差的關係，小羊腿上桌後，卻毫無食慾，還好明德與台灣的幾位友人，提著酒杯去敬酒，我笑著說：「平番去了！」紅酒一杯杯下肚，台灣人喝酒的豪邁讓法國親戚咋舌，我笑著說：「今仔日酒透海，乾杯！」

十二點過後離開餐桌，親友們欣賞著銀幕上，這對新人的成長歷程與戀愛過程，親友們參與銀幕上的選擇題作答，笑聲不斷在夜色中爆炸，而從台灣來的親友團大部分人昏昏入睡，面對著笑聲與搶答聲，台灣的親友團只有點頭或睡著了！為了驅除睡蟲偷偷的走出室外，入夜後的八月法國，溫度下降到十度以下，酒熱在身上散發也抵擋不住寒氣的侵襲。

歡樂的笑聲一直在古堡裡迴盪著，新娘宣布著歡迎大家鬥熱鬧到天亮，傳說，這一夜親友的熱鬧持續越久，新人的幸福指數越高。我們相信從台灣來到巴黎的祝福，一定會感動愛神，讓這對夫妻長長久久的恩愛下去。然而，真的是累了！載我們來古堡的遊覽車司機，工作時間已到了，我們不得不離開歡笑的會場，向明德說聲再見後，台灣的親友團就悄悄離開了古堡。上車之後好像大家都不勝酒力，醉倒在遊覽車上了，在夢中回味這場盛宴！

巴黎的那場婚禮

廖玉蕙

清晨即起，我們銳意和太陽一別苗頭，像夸父一樣，只是夸父用腳，我們更精明、更前衛，我們驅駛飛機。一路陽光在窗外熠熠發光，十九個小時後，飛機降落法國巴黎機場，已然是夜晚八點，但太陽不肯示弱，天色猶然透亮一如白日。

啊！我們終於來到美麗的花都——巴黎，帶著在台灣過度勞累的軀體和對浪漫花都的嚮往。這可不只是一趟尋常的觀光旅遊行程，除了參觀歐洲旅遊景點、Shopping、逃離繁瑣的工作外，我們還有一項神秘且令人雀躍的任務——擔任一宗跨國婚姻的親友代表，在異地見證台灣女兒「和番」的經過。

婚禮在抵達巴黎的次日下午三時左右舉行，公證所在的Lamorlaye小鎮，距離巴黎下榻的旅邸尚有一個多小時的車程。既然是長途飛行過來，當然是分秒必爭，不能虛耗午前的幾個鐘頭。於是，神奇地，沒有人抱怨時差，次日早上，個個神清氣爽地奔向巴黎最迷人的香榭大道。重視異國文化的，拿著筆記本記錄著導遊對古蹟歷史的介紹；為巴黎繁華炫麗的物質文明所魅惑的，不旋踵間，已掛著滿意的微笑、揹著精美昂貴的皮包從ＬＶ旗艦店走出；專門為尋訪好角度、好鏡頭而來的藝術家，則睜著灼灼的雙眼四處獵豔；而我既興不起求知慾、對名牌更缺乏認識，眼前美景的吸引實不如一杯濃郁的咖啡，於是，便在ＬＶ旁名為「花神」的咖啡店坐了下來，喝一杯要價九歐元的卡布奇諾，邂逅花都的第一個早晨由紅傘遮蓋下的一杯咖啡起始，毋寧是更為浪漫的選擇，雖然，折合台幣四三四元一杯的咖啡，滋味其實並未等值。當然，如果將香榭大道上的諸多風情一併算上，也還值回票價。

巴黎婚禮和香榭大道的關聯，可能是赴會時所提的ＬＶ名牌包，可能是儲備精神能量的那杯提神的咖啡，也或者是中法文化的認識與鎔冶，甚或是美感經驗和婚姻的互涉關係……。總之，見證婚禮前的暖身，充滿了精神和物質的雙重滿足。收拾稍嫌匆驟的香榭大道巡禮後，在凱旋門前集合，大夥兒各有斬獲地凱旋回到旅館，稍事休息後，直奔Lamorlaye小鎮。

真是小鎮呵！遊覽車在迤邐的鄉村小路上蜿蜒，屢屢驚險地和小轎車錯身而過，帶著奇異的技巧，似生澀又熟練，既勉強、又流

→Lamorlaye小鎮。
（攝影．周世添）

暢。然後，錯過了幾個街口，重複經過了幾間特殊的房舍，終於找到了正確的處所。午後的小鎮，店面安靜地掩上大門，讓人誤以為整個小鎮猶然沉睡不醒。我不自在地拉拉身上的旗袍，整整誇張的披風，擔心這般的招搖，沒有撂倒佔主場優勢的地主國，反倒喧賓奪主地搶了台灣岳父、岳母的丰采。出門時，行李不少，可是，為了和法國人一較短長，幾經思量，我在封箱的前一刻，還是勉強在鼓脹的行李中塞進了一件旗袍和一套外子的西裝。輸人不輸陣，好不容易飄洋過海，可不能有損國威，在東、西交會之際，學問不夠、法文不行，至少得讓台灣的旗袍亮亮相，讓法國親家見識、見識所謂的東方美。然而，在市政廳大樹下和法國親家用著現學的含糊法語彼此問候、貼臉時，不時滑落肩頭的白色披風不自禁地透漏出對盛裝應對的生疏。然而，在關鍵時刻，慶幸這件雪白的披風發揮了可敬的禦寒功效，這是後話，暫且不表。

婚禮依照某種既定的節奏緩緩進行著，窗外微風吹拂，斑駁的光影不時偷偷潛入室內窺伺新人的誓言。女主角的父親林明德副校長雖然刻意歡顏笑語，卻更顯曲意釋懷的惆悵；女孩的母親賴芳伶教授，不知是時差尚未調整好？抑或沉浸在女兒即將遠走高飛的失落感裡，顯得沉默凝肅，法國的親家則因憑空多了個女兒，笑得好不開懷。整個儀式裡，不時爆出法式歡樂的笑聲，雖然完全聽不懂陌生的語言，卻忍不住跟著笑了起來。禮成後，快樂的新郎和新娘，帶領親友走出戶外，兩人親密地不時相視微笑，展現十足的默契。新娘活潑地奔來跑去，招呼這個、應酬那個，新女性強烈的自主意識於焉顯露無遺；而那位心情複雜的母親眉間一抹落寞凝定，站到遠遠的大樹下，看著用流利法語優雅地展示社交禮節的女兒，低聲嘟囔著：「這完全不像我生的女兒哪。」

接下來的重頭戲是座落在Pontarme古堡內的狂歡Party。尚未啓程到法國之前，許多人聽說了我們即將在法國參與結婚盛筵，都不約而同警告我們，歐洲人生活閒散，晚餐通常吃得極晚、極慢，都建議我們最好有備份方案，以免餓過頭而頭昏眼花。那意思，依照我的解讀就是最好口袋裡能揣進一包餅乾之類的，然而，全身上下，並無一處能讓餅乾容身，沒有外套，沒有口袋，晚宴包僅容一支口紅、一盒粉餅，再無餘地容納。在曲曲折折的鄉間小路上蜿蜒前行時，我開始有些擔心。然而，這樣的憂慮後來也被証實只是虛驚。

←新婚禮的古堡晚宴。
（攝影・周世添）

古堡閒閒地座落在九彎十八拐外的疏闊樹林間，前有綠油油的大片草地，不時有戰戰兢兢騎著馬匹的男女經過，從他們生疏的騎馬姿態，猜測遠處或者是個騎馬訓練場。古堡裡別有洞天，像我國的三合院，ㄇ字型建築的另一邊環繞著悠悠的流水。看似大石塊砌成的牆壁，被粉紅駭綠盤據著，河的更遠處，有柳、有杉，還有一排紅豔的小樹，不會是楓吧？秋天還遠著哪。

矮矮的圍籬顯然關不住喜悅的聲音，也管不住歡樂的心情，親友們移師到古堡，笑聲泠泠，直達天聽。黃昏六、七點，太陽還賴著不肯下山，雞尾酒會開場，點心陸續上來，新娘拖著長尾巴，在砂石地上遊走，新郎的眼睛一路追索，晶亮亮的瞳仁上，返照著新娘修長的身影；入境隨俗，台灣的賓客也學起西方的禮俗，一見面，無論同胞或洋人，不管生疏或熟稔，都先來個熱情的擁吻；天真的孩童，繞著屋宇尖叫追打，砂石在童子潔白的小禮服上留下笑鬧的印記。而唯恐餓著的我，一邊偷眼看新人、看周遭，一邊大口嚐著美味的點心，不知不覺吃過了頭，一不小心看到合身的旗袍上凸起的腹部，才警覺大事不妙！

可不是大事不妙！九點多，晚宴正式上場，豐盛的羊腿等美食，魚貫上桌，我打著飽嗝，光看著，一口也吃不下！接近夜裡十點，我從晚宴的盈盈笑聲中抽身出來閒逛，走著、走著，竟還看到天光微微，好不駭人！十二點了，歡樂進入後現代，美酒發揮了威力，有人開始步履踉蹌，勾著肩憨笑著；銀幕上，新人的前期歷史展演著，親友興致盎然觀賞銀幕上的歷史照片並朗聲參與選擇題的作答，而我們一干從台灣來的親友團因時差和竟日的亢奮，已有若干位不支倒地，無視於震天價響的搶答聲，歪著脖子、勾著頭睡著了！八月的法國，入夜溫度降到十度以下，原本被嫌累贅且誇張的披風，忽然成了保命的護身工具。

歡樂似乎還熱烈延續著，新娘朗聲宣布歡迎一起熱鬧到天亮。據說，親友的熱鬧持續得越久，新人的的婚姻幸福指數將越高。我們不信這一套！我們相信祝福的誠意濃度才是指標，有甚麼比坐了接近二十個小時的飛機、橫跨了幾個大洋捎來的祝福還具備更高濃度的威力！然而，也真的是兵疲民困了！我們在夜色和歡笑聲的雙重掩護下，悄悄離開古堡。夜色轉濃，太陽跟我們一樣，撐不住下垂的眼皮，不知跌落到何方去了。

婚禮的後續，究竟如何？雖然沒有實際參予，卻更添想像。那夜，微醺地醉臥旅館，整夜都夢到自己穿著及地長裙，像奧黛麗·赫本一樣，在庭園間翩然起舞，一圈又一圈地轉，周旋在眾位高鼻子、深眼窩的洋人間，巧笑倩兮，恍然又回到青春年少的癡狂歲月，這算不算現實蹇澀生活的補恨？

兩個月後，辛樂克颱風訪台。那日，大夥兒力敵交加的風雨，由法國飛來的貴客、昔日訪法親友團和女方台灣親友無視辛樂克的威力，齊齊坐上了台北欣葉餐廳的筵席上，訪法親友團戲稱我們從台灣吃到法國，又從法國吃回台北。海洋隔絕不了、風雨抵擋不住，巴黎和台灣因著一場婚禮而縮短了距離。氣氛堪稱熱烈到最高點，一向矜持的丈母娘芳伶，回到台灣的主場上，顯得開放許多，笑容明顯增加，淚眼也經常迷離，禁不住女兒再三公開的保證——會常常回來，會永遠感謝雙親，會設法將生命的能量發揮到最極致。芳伶站在台上、女兒的身旁，像是她才是女兒一樣，禁不住哭倒在新娘的肩頭。遠來的親家公和親家母被這一幕招惹得有些心虛，彷彿「侵門踏戶」強搶人家的女兒，只能舉杯再三，頻頻向台灣親友宣示必然善待的心意。事後，我半開玩笑地跟芳伶說：

「我得回家拜託女兒一輩子留在家裡當老姑婆，免得跟你一樣，眼淚不小心流成了河。」

她正色回說：

「是捨不得沒錯啦！但是看到女兒找到真正喜歡的男子時，像換了個人似的精神陡然煥發起來，也就只能祝福她了。」

禮成送客，欣葉門外，颱風逐漸向台灣奔來，新娘、新郎相依偎著站在風雨侵襲不到的門邊，接受親友臨別的祝福，然後，將攜手共赴巴黎。我忽然一陣捨不得，為芳伶，也為自己，更為天下的母親。芳伶握著我的手，語重心長地反過來來取笑我：

「家有未嫁女兒的人，回去等著傷心吧！」

2008.09.20.

小鎮風情與古堡婚宴

楊翠

巴黎這個萬花筒，展演著各種人生姿顏。戰士、雨果、邱妙津、流浪漢，自有他們獨特的生命姿態，然而，我們在Lamorlaye小鎮所見，卻是一個充滿生活實感、有著豐富生活元素，深具溫情暖意的生活現場。這裡有街燈、樹叢、牆面、雕刻和窗子，以及窗內的人生，有市街，有婚禮，還有相互祝福的人們。

邱妙津的死亡、流浪漢的逃逸，都選擇與現實脫勾；在生活現場中，在婚禮儀式中，相互依偎，相互祝福的人們，則選擇嵌入現實；然而，無論是什麼，浪漫情懷都是他們的底蘊。不夠浪漫，就無法逃、無法離，也無法進入，只能卡在現實的煉獄中。

嵌入現實的、富饒生活實感的浪漫語境，我們在一場法國式婚禮中見證到了。

巴黎時間七月十二日午后一點，我們前往法國北部的Lamorlaye小鎮，參加林明德和賴芳伶他們女兒的婚禮；一場期待已久的法國式婚禮，以及在古堡中舉行的喜宴。

←Lamorlaye小鎮。
（攝影・周世添）

Lamorlaye很小巧，街容簡潔素淨，風情秀麗，即將舉行婚禮儀式的市政廳，門口一大叢粉桃色繡球花，襯著白牆，看來宛若一座典雅的小旅館。等候些時，婚禮終於開始，林明德挽著女兒的手走進禮堂，賴芳伶坐在前排安靜微笑，市政廳裡，儀式簡單，人情暖熱，台灣親友與法國親友，言語不通，微笑點頭，相互祝福。

儀式結束後，已近黃昏，離前往城堡晚宴尚有一段時間，法國親友們三兩成群，站在市政廳外的小廣場上，樹下風中，站著閒聊，我在一旁打量這座小鎮，第一次真正體會到傳說中的「法國式浪漫」。法國人的生活節奏，舒緩悠閒，而我以來自台灣的、慣常被時間追趕的急促心跳，來到這裡，顯得格格不入，無事可做，竟然感到心慌。

站著閒聊許久，法國人才慢慢散去，驅車前往離小鎮不遠處的一座古堡，準備參加喜宴。出發前，行程表中引發我們最多遐想的，就是古堡晚宴。古堡，有莊園、護城河、堅固牆垣、典麗建築，同時也是浪漫愛情故事、神秘傳奇故事的舞台，晚宴就要在這裡舉行。

沿路大片麥田，走經一座猶如童話故事裡的小村莊，紅磚瓦舍，鄉村景致，房舍並不奢華，大多秀氣精緻，而庭院花樹芳美，藍紫色牽牛花翻牆爬滿地面，豔紫九重葛沿著壁面攀緣伸展。

鄉路狹窄蜿蜒，一個轉彎，進入一條細石鋪衍的小徑，左側一條護城河，河面老樹枝椏懸垂，風中款擺，河畔果然靜立一座古老城堡。古堡比想像中秀氣，厚重與細緻兼具，時間感參差。灰褐色磚牆透顯出一種蘊藉著時間的厚實感，白色圍籬旁的一棵老柳樹，恐怕不止百年的歷史，仍然翠色鮮潤，緊貼灰牆攀爬的紅玫瑰，又是另一種美學語彙。

七月的法國，氣候清爽，早晚沁涼，而最讓人感到驚異的，是白日的漫漫延伸，夜晚姍姍來遲，晚上八點方近黃昏，直到十點天色才完全暗下來，所以法國人晚餐總是吃得晚。我們抵達古堡時，六點前後，在台灣是晚餐時間，對法國人而言，卻只是午后的延伸。他們陸續來到城堡，或站或坐，閒話家常，小孩在潔淨的沙石地上玩耍、奔跑、追逐，大人們則延續市政廳外的聚談閒聊。

六點多，餐前酒和點心上桌，林明德副校長捧著雞尾酒，臉色泛紅，他以宏亮的、昂奮的聲音，感謝台灣親友遠道而來的祝福。然而，他的笑容底下，潛藏著一個父親的喜悅與傷感，偶爾會從眼

↑ Pontarme城堡。
（攝影・張志輝）

角透顯出來。而我在賴芳伶美麗的臉容中，既讀見長途旅行的疲憊，更讀見一個母親的不捨。送女兒來到飛行二十幾個小時的異國，送女兒走進她自己的生命世界，母親也只能送到這裡，往後的人生，女兒必須以她自己的雙腳去跋涉。林明德與賴芳伶，在古堡喜宴中，是怎樣的心情，每個父親母親，總要親身經歷，才說得分明。

餐前酒和點心，法國人只是淺嚐，一派悠閒，聊天才是正事。初到此地的我們，在等候中，飢腸轆轆，猛吃小點心，八點多晚宴開桌時，幾乎已經快吃飽了，望著一道道豐盛精緻的正統法式美食，真覺得對自己抱歉。這場喜宴，是我吃過最漫長的一餐，整整吃了三個小時，加上長途跋涉與酒精的催眠，「台灣親友團」個個睡眼惺忪，側身一看，法國人卻是愈夜愈精神，談興正濃。

我們發現法國人真的很能聊天，很能對話與聆聽，這也是一種浪漫底蘊的生活氣息。我置身其間，有一種微妙複雜的感覺，一方面有著強烈的錯置感，一方面卻又覺得熟悉，好像看見被我遺落的自己。

現在的我，慣常一手開車，一手抓著麵包或餅乾或一碗公的稀飯（稀飯多半是天兵老公準備的愛心早餐），趁停紅燈時猛吞幾口。或者邊改作業、備課，邊啃麵包、咬餅乾，食不知味，有時還噎得難以呼吸，如此度過一餐。我知道自己必須舒緩時間節奏，必須只是好好地過生活。我知道自己其實不必學習，熱愛生活本來就是我的專長，我只是遺落了這樣的自己。

國小六年級，阿公教我學煮菜，我有天份，他那一套，沒多時就全會了，覺得沒意思，做飯時就愛亂搞，對著食譜變花樣，沒一樣阿公愛吃，我卻樂此不疲。一次，決定要做一道北方麵食，馨香荷葉餅，秘訣在於揉麵團、捏荷葉邊的細膩功夫，為了捏出好看的荷葉邊，我忙了一個多鐘頭，半道菜都未曾上桌，阿公等待多時，忍不住跑到廚房，見我正低頭在刻荷葉紋脈，簡直要氣瘋了。

那盤荷葉餅最後我一個人獨享，滋味還不錯。有時，我會炒一盤麵茶當零嘴，午后，一杯涼茶、一碗麵茶、一本書，在樹下鋪張報紙，看書吃麵茶，或者睡一覺也好。歐洲之旅，第一站來到法國，見識到法國人的生活節奏與吃飯方法，竟讓我想念起那盤荷葉餅，以及我的「下午麵茶時間」。曾幾何時，我所遺失的，竟是我自己，以及生活本身。

巴黎婚禮的祝福

岩上

二〇〇四年九月與牽手參加西歐旅遊團，在巴黎宿過三夜，對巴黎這個多彩多姿的世界級大城市留下難忘影像記憶。因世界之大可嚮往的都會很多，曾想巴黎來一次即可，沒想到四年後再重遊，並且在巴黎參加一次全程的婚禮和接受法國式豐盛喜筵的招待。

巴黎這場婚禮，當然我們只是來賓去觀禮而已，不是主事者。那麼到底是哪家公子或千金結婚，須要我們千萬里飛行，前往湊熱鬧？

彰化師大副校長林明德與東華大學教授賴芳伶這對學術文壇的神鵰俠侶，嫁女兒到巴黎，並擬於七月十二日當地時間下午三點半在Lamorlaye市政府舉行結婚典禮。文壇快手康原，非常熱心相約一些文友希望前往逗熱鬧親自觀賞體驗法國式的婚禮，順便遊法國、葡萄牙、西班牙。

這個巴黎婚禮參觀團的成員有作家、教授、畫家、攝影家、文史工作者：包括康原、姚金足伉儷，蔡全茂、廖玉蕙伉儷，陳憲仁、林浩芬伉儷，楊翠及其公子魏揚，林惠敏、周世添伉儷、張志輝，我和內人瑞珍、女兒玫鑠等二十人。於七月十一日經過二十幾小時飛行與轉機抵達巴黎。翌日下午三點半之前，到達巴黎近郊Lamorlaye參加林迦瑩小姐與法國夫婿Eric Suarez的結婚典禮。

Lamorlaye是個寧靜而優美的小鎮，車輛與行人稀少，商店與路政設施幽雅，成為我們異鄉訪客散步和攝影、繪畫取景的臨時對象。

結婚典禮場所在市政廳後面的小禮堂。我們初到時遇到十幾位盛裝的新郎一方男女親友，都一一和我們握手。因為語言不通彼此以微笑替代招呼。接著車輛陸續來到禮堂前的廣場。

不久，禮車來了。林爸牽攜著一身潔白禮服的新娘，通過夾道拍手祝福的親友人群，緩步拾階進入禮堂。

男方的親友約三、四十人，加上台灣的朋友，約六、七十人把禮堂幾乎塞滿。台灣人的身材高矮和歐美人相比起來，都顯得小一號，而新生代青年男女，因營養吸收足夠，相形之下不會有太大懸殊。新娘林迦瑩小姐身材修長再加上高跟鞋，在體形上與法國小姐比起來一點也不遜色。不少異國的婚姻，男女不同膚色或高矮懸距太多，顯得突兀而不對稱。今天這對異國鴛鴦卻顯得相當適配。不僅東方現代女性已有高格的體態，新娘活潑可親、賢淑秀慧的氣質與新郎器宇不凡、俊美斯文的風度，真是天造地設，東西合璧，琴瑟之合。

新郎新娘在證婚人及衆多親友注目祝福中交換禮物，市長為這對新人簽署結婚結婚證書，以及祝辭讚語。在靜穆的禮堂，莊嚴簡單的儀式，這對新人許下終身情愛伴隨的承諾。

法國式的婚儀就這麼簡單嗎？不！馬拉松式的結婚進行式，這只是一節序曲而已。

七月在台灣幾乎每天都維持在華氏三十度以上的高溫，溽暑天氣，在巴黎卻只有十七、八度而已，天氣涼爽舒適。午後四、五點的陽光透過禮堂外扶疏樹葉的搖晃，也不覺得刺眼難受。從禮堂移步到室外的新郎新娘，以及參加觀禮的親朋好友，並不想立即離別。也許是闊別長久的親友相見，有說不完的話題吧。而法國人喜歡聊天，已成為他們閒逸生活情調的方式。台灣人像這種場合，就顯得匆忙、急燥、不可能觀禮後，集體留下來彼此寒暄，就是留停下來，也常手機不離手，好像有很多的生意交談和雜事要辦；法國

←婚禮城堡。
（攝影・周世添）

人可真瀟灑、安逸、恬靜多了。

結束市政府婚禮後，大家驅車前往Pontarme城堡享用雞尾酒會餐。

想像中的城堡，應該像中世紀有高聳的城樓，建立在山產岩石上，有城牆維護外加護城河包圍，由一塊一塊岩石砌成的城牆和城樓，厚重、古老而壯麗。或許是法國的浪漫情調給予太多的聯想，我們抵達所見的城堡並沒有如此的壯觀。它應該比較像一座農莊大型的別墅，而卻有一些作為城堡的基本要件的形狀。

這座城堡由外觀看來，應該有一百多年歷史，由石塊砌成，正面的樓城下的大門門扇由厚重的木板做成，外圍一道水溝隔開城樓像護城河，所以正大門出來延伸一座橋通到外邊農村道路。

我們抵達時，城門深鎖不能進入。很顯然這裡是農莊，但舉目所視不見任何其他農舍住家，附近微波起伏的大地是被修剪得整齊的草坪，有一些樹林，看不出種植什麼水果或農作物；也沒有來往的車輛或行人，唯獨一位美麗的少女騎著一匹馬，從我們等候的村道答答而過，讓我們的相機在寧靜的農村景色境內，捕獲到唯一動態的鏡頭。

下午六、七點的太陽，在巴黎還懸掛在高高的天上。八點鐘才大夥兒進入城堡中庭，享用雞尾酒會餐。

餐會採自助式，有香檳、紅酒、果汁、礦泉水，各式餅乾甜點和水果，自行取用，侍者也隨時送到三、五人一群的桌上。這樣的餐會應該是正式聊天交誼的時段，法國人似乎有永遠談不完的話題。而對於從台灣前來的朋友，從早晨六點半起床，逛了大半天上午在巴黎香榭大道，此刻已歷時十四、五小時都顯得疲憊，除了應有的招呼，都靠邊找個位置休息。

而正式的喜宴，晚上十點才開始，這是一般法國人晚餐的時刻，也是法國太陽下山夜暗來臨的時候。

法國很多古老的農村城堡都改為現代的餐館。離開城市的喧囂，尋得古老農村建物的寧靜，享用一份豐盛的喜宴，是法國人另一份的浪漫，我們也因緣際會，千里迢迢，享用一份平生難得的盛情招待。

喜宴在城堡的室內舉行，六人一桌，除日光燈外，每桌有燭光。每人各一份四道茶和香醇葡萄酒，讓我們品嚐到法國料理的豐盛精緻與純美的滋味。

←婚禮的古堡酒會。
（攝影．周世添）

喜宴進行到午夜十二點結束，大家又移位到另一客室觀賞新郎新娘，從小到現在尤其是戀愛到結婚之前的相片投影。主持人又一一與新娘新郎對話，提問難以啓口回答的議題，引得哄堂大笑。這在東方的古代，就是鬧洞房吧！

夜晚十二點半，導遊召集我們台灣的賓客離開，因為回到巴黎市區的飯店還要一個多鐘頭的車程，況且明天我們還有一整天的旅遊景點。

我們在深夜裡，乘坐遊覽車離開城堡。法國的親友仍在進行他們歡樂的節目，我們看到有樂師數位攜帶樂器來，據他們說，下一場節目是唱歌跳舞，要歡鬧到三、四點或天亮才結束。也許整個婚禮流程最後一節是最精彩的，可惜我們不得不略帶一點遺憾悄然離開。

巴黎早已遠去，但巴黎一場婚禮的影像永遠難忘，對於法國與台灣一對異國伴侶的祝福，更是永遠。

白色喜帖

——法國城堡婚禮小記

嚴玟鑠

當飛機行經荷蘭阿姆斯特丹的天空時，心中有如釋重負之感，因為從七月十一日凌晨兩點十五分，扛著旅行箱坐上往桃園機場的巴士時，就一直無法入眠了。越過一大片亞洲陸地，轉了三次班機，歷時近二十四小時未曾闔眼的煎熬與迫切的等待，我們這一團二十人的歐洲之旅，將在最後一個航站——巴黎開始，而我是意外的參加了這趟遠行，與作家們一起共赴古典又迷人的十五天法、葡、西之旅。

當我踏上歐旅的第一天——法國，這一個相當令我嚮往的國家時，我真不知道如何形容，當自己漫步在巴黎的街頭時，心中是多麼的興奮與讚嘆！這次旅遊安排第一站到法國，除了可以親臨世界著名愛菲爾鐵塔及羅浮宮美術館之外，我們有一項相當神聖的邀約，就是參加彰化師大林明德副校長的千金，林迦瑩小姐的巴黎婚禮，讓我們這趟遠遊與別的旅行團不同之外，更多增添了一份浪漫與回憶。

記得剛到巴黎已是當地時間晚上八點，但是天空是相當明亮的，因為太陽還高掛著沒有下山，讓我歷經了飛機上整整一天未睡疲憊的雙眼感到相當的驚愕。於是乎，當晚竟累到躺下就睡著了，隔天在巴黎的飯店醒來心情格外的愜意，帶著喜悅的心情，早上搭著從市區出發的遊覽車，先前往巴黎的最高點，蒙馬特山丘上的聖心堂之後，下午三點三十分，婚禮就在Lamorlaye市政府舉行，法國的婚禮真的是不一樣。

在台灣出生居住了近四十年，參加過無數個婚宴，唯獨這場婚禮讓我感到不同民族的習俗強烈差異，這與台灣經常見到娶親方式比較起來是分外的白淨與簡潔。在台灣，婚禮的準備相當的繁重而且儀式都是洋溢著紅色的富貴與喜氣，但在這場婚禮中，幾乎見不到紅色，連收到的結婚喜帖都是白色的。法國婚禮通常都是在市政府舉行，他們沒有選擇良辰吉時的信仰，而且都在星期六下午舉行，以便隔日可以睡個好覺補眠。婚禮都是由市長身上披掛藍白紅法國肩章彩帶幫市民們證婚，但是整個程序都是在一種簡樸與詳靜之中完成。

↓婚禮。（攝影．周世添）

我靜靜的坐在一旁，除了不停得按下手上相機的快門之外，就一直觀察法國人民們的表情與肢體動作，我覺得歐洲人的幸福就在於他們總是不疾不徐的處理每一件事，讓我這台灣來的外國人，感到相當的羨慕。難怪他們可以是很優雅的、很浪漫的享受生活；而不是每天在一種喧鬧、緊張、競爭中搶著時間的節拍，為生活奮鬥不懈。我完全聽不懂法語，只覺得他們的儀式很簡單，但不草率，市長念完證婚該有的法律程序外，我們就在市府外拍照。今天的女主角迦瑩新娘，長得清秀高挑，搭配紳士十足的法國新郎，在我看來，真是天造地設的完美視覺享受；所有的法國親友們，不管男女老少，都顯得相當的親切與高雅，儼然是法國印象派畫家--莫內畫裡走出來的現代版人物般，女士們頭戴緞帶雷絲圓帽，有如十九世紀女性的優雅身段，就只差那一襲蓬蓬長裙了。

結束市政府的婚證手續，之後是他們的重頭戲，我們必須搭車前往Pontarme城堡參加雞尾酒會與晚上的喜宴。我想是因為時差的關係，體質不佳的我，竟在這前往的車上時全身發癢起了很多的疙瘩，連雙眼都腫起來，我知道是過敏了。雖然當地的時間是下午大約五、六點左右，天氣相當得好，有點像台灣早秋的涼意，但法國的時間比台灣慢六個鐘頭，也就是在晚宴八點要進行前，我們都感到相當的倦意了。

這是我第一次去法國，就能有如此特別的收穫與法國人共進喜宴，實在是相當難得的婚宴經驗，這晚宴的精緻料理現在回想起來真是令人垂涎，可是當晚，有些食不下嚥，因為實在抵不過時差的睏擾，望著美味的法式料理與一杯杯的紅酒和精緻刀叉，那時沒吃完，現在想吃都吃不到了。婚禮的最後必須安排Party狂歡才能算是圓滿的對新人的祝福，只是我們已撐不下倦怠的雙眼與身軀，無法與大家徹夜熱舞，但心中真是無比的開心。我用最誠意的心情感謝這份盛情邀約，讓我在歐洲旅遊的紀錄裡，留下了永遠美麗的婚禮回憶。

巴黎手記

魏揚

香榭大道

來到「花都」巴黎的第一個上午，我們的行程是走訪香榭麗舍大道。

天空壓得好低，厚重的雲朵在我們頭上展開，向四方延伸，鋪成一條潔白的巨大羽毛毯。然而，相對於天空與雲朵的湛藍淨白，巴黎街頭卻是髒亂不已，隨處可見被主人惡意遺棄的垃圾。而那些一群群在街道上覓食的鴿子雖然可愛，卻也在街磚上留下許多隨風飄散的羽絨，以及一坨坨的「生物痕跡」。

巴黎，香榭麗舍大道，浪漫花都，與我的想像有些落差。

香榭麗舍大道，簡單說起來，就是一條用資本主義消費文化堆積起來的敞闊大街。沿著大道走下，兩旁的街道樹立著數不盡的名牌店家。GUCCI、LACOSTE、LOUIS VUITTON、CARTIER LEVE、MONT BLANC……。

街道上一間間裝置精美的店面，店中一片片擦得一塵不染的玻璃櫥窗，櫥窗中一件件奢華地向窗外招手的精品。

當然，香榭大道上時尚文化的心臟、資本主義的驕傲，就是那間霸佔了一整個街角的LV總店。難得來到「花都」巴黎的香榭大道，這條時尚首都的大動脈，我們一行人無法免俗地，帶著一探究竟的心情，走進那個皮件飾品進攻世界的前哨站。

跟隨著媽媽、玉蕙阿姨以及康太太興奮的腳步，我生平第一次走進LV。自動門滑開，一股皮革與香水的氣味伴隨著沁涼的冷氣向我竄來。

LV旗艦店內滿是人潮，各國語言錯雜起落，白黑黃各種膚色穿梭在一個個專櫃之間，每張臉孔都正注視著某件皮飾，而每件皮飾上的標價在我看起來都無比陌生。

兩層樓的店面，被無數的小專櫃切割成一個龐大的迷宮，我們一度迷失在色彩豔麗的皮包、提袋與服飾之中。繁複的分區與四處架設的全身鏡，讓我們有如身處克諾索斯的迷宮一般，遍尋不著出路。

漫無目地的橫衝直撞許久，我們終於趕在集合時間前五分鐘找到出口。兩手空空地逃離這間令所有人迷失的巨大建築。

一杯浪漫的價值

LV法國總部的對街，是家裝潢華美的咖啡廳。亮金色的招牌用充滿藝術性的斜體草書寫著Foquet，「花神」。這是一棟典雅的歐式建築，乳黃色外牆上的精緻雕飾、大紅色的陽傘及雅緻藤椅，甚至連服務生都像是從電影螢幕中走出來的性格小生。這是香榭大道上數一數二的高檔咖啡廳。據導遊小陳說。

初來乍到法蘭西，我們對於歐式的露天咖啡座仍抱有某種浪漫想像。

某個春日的晨間，街道上還有幾縷捨不得散去的薄霧正在散步。我們坐在露天咖啡廳，輕啜一杯醇甜拿鐵、一杯浮滿鮮奶油的卡布，或是絕對純粹，仿傚苦澀人生的濃縮黑咖啡。我們邊嗅聞杯中的香濃輕煙，邊間看一座城市自夢中甦醒。

不過，這趟歐洲之旅的咖啡體驗卻完全不是這麼個浪漫回事。

←LV對街的花神咖啡廳。
（攝影．周世添）

→花神咖啡廳服務生像是從電影螢幕中走出來的性格小生。（攝影・周世添）

七月仲夏午后，香榭大道上看不見什麼散步的薄霧，有的全是嘈雜經過的絡繹行人，與被車輛沿街揚棄的朵朵煙圈。位於黃金地段的花神咖啡廳座落在LV總店的對街，佈置與裝潢亦是一派奢華。

想當然爾，它那名聲遠播的咖啡價錢，自然也走奢華風。

我們如同一群鄉巴佬，傻愣愣地盯著捧在手中的那杯價格八歐元（經過複雜的換算，可以發現這杯咖啡將近台幣四百元），大約100cc的咖啡。淺嚐一口，更是錯愕於那入口溫涼的平淡。起初我們尚大為疑惑，為何這杯八歐元高檔咖啡的味道，竟與今早飯店免費提供的那一大壺咖啡意外神似？不過我們隨即自我安慰：這就是歐洲的咖啡啦，風格自然與台灣有些差異……

我皺著眉，啜了口那微涼的昂貴苦液。咋舌苦笑。

櫥窗狂想

手錶上那對總是首尾相追的分秒指針，不住地提醒我們接下來那段緊湊的行程，於是我們匆匆離開花神、LV，往香榭大道的出口處走去。

一路上，滿列的名牌商品仍在櫥窗中向我們招手。

行人步道的遊客長龍間歇不斷，映照在玻璃櫥窗裡的身影，與櫥窗內價值不菲的商品互相交疊，彼此偽裝。我經過LACOSTE，從櫥窗倒影中，忽見到自己多了件上千歐元的西裝；走過CARTIER LEVE，我看到自己戴上天價珠寶，站在LV前，我……

一條街上同時存在著虛幻與現實，在兩個世界的交疊之中，我彷彿看見這條大道的建材原料：世代累積的虛榮。它們層層堆疊層層砌築，成為這條世界時尚動脈的堅強細胞壁。

櫥窗上的行人映影與櫥窗下的名牌實體揉合成一個縮影，一個花都巴黎的縮影，世界時尚文化的縮影。

我用相機捕捉這些縮影，攝進記憶體，用光與影記錄下這條虛榮大道的真實面容。除此之外，空手而來也空手而回的我，完全沒有任何戰利品足以證明自己曾走在時尚文化的主動脈。

遊覽車轉了個彎，香榭大道消失在視野之中，然而它所代表的文化仍如魅影般存在。香榭麗舍大道上所聚集的所有奢華名牌、風尚文化、流行藝術與虛榮幻影，早就全數內化，融進繁華花都的每個城角街區。

花都巴黎，濃郁花香處處滿溢。

小鎮感動

經過上午疲憊不堪的繁華都市洗禮，下午的行程表看起來讓人放鬆許多。至少，應該會少一點車陣與雜沓，而多些綠蔭與人情。

我們先到一個叫做Lamorlaye的小鎮，參加林明德副校長女兒婚禮的公證會。

Lamorlaye雖小，卻四處蘊藏豐饒色彩：生意盎然的綠樹、從某一家的庭院中偷偷探頭的紅色爬藤植物，以及市政廳前那鮮豔可愛的花園佈景。

在小鎮的一家SHOPI買水，愉悅地發現，這邊的水一瓶不到一歐元，櫃台那位陽光可愛的女店員熱情地向我們這群外國面孔寒喧，是個意外的驚喜。還有一家肉店老闆，是一位臉頰圓圓的年輕

→小鎮熱情·
（攝影·周世添）

人，看到這麼一群亞洲面孔自店門經過，好奇地問「From Japan?」我們一齊大聲回答「No! From Taiwan」。弄清楚我們的來處後，這位肉店老闆如開了話匣子般，與我們聊得滔滔不絕。他試圖用英語與我們溝通，不過他的字彙顯然有限，只能搭配大量的手勢，或著乾脆丟來幾句法文，和著滿臉微笑，雜成一句句歡迎的話語。

臨走前，好客的老闆請每個人吃了幾口店內的招牌火腿肉，還切下一大片鵝肝醬，打包，半請半塞地送給我們。最後還輪流與大家合照，笑容燦然。

感動其實四處存在，藏身於我們生活的每個角落。它們通常很細微、很細膩，若不用心體會便可能與它擦身錯過。超商女店員的笑容，肉店老闆的瘸腳英文、幾片美味火腿，和那股無法用數量詞估算的熱情，每個感動都溫暖了我們這群旅者的小鎮午后。

古堡婚宴

公證結婚結束，我們接著前往Pontarme古堡，參加婚禮宴會。

將一整座古堡租下來做為婚禮場地，在法國或許還常見，然而在我們這群台灣人聽來，卻是說不出的浪漫。

遊覽車吃力地駛過一條狹窄、愛找訪客麻煩的蜿蜒小路。一整個車程，我們都在鄉間崎嶇的泥土路上左右搖擺，上下蹦跳。

突如其來地一個轉彎，我們像是被甩進了異次元空間。

一條碧綠的河流圍繞著一座古堡，古堡不大，但卻美得令人心動。護城河的堤岸上長滿纖弱的垂柳，在風中用枝枒往河面上劃出一圈圈漣漪。古堡對面有一大片翠綠的綠地，幾個法國小孩就在那片看上去如地毯般柔軟的草地上踢著玩具足球。

通過護城河上的那座石橋，走過城堡的木製大門，經過掛著火炬的短廊，迎面進入眼簾的，是一個鋪滿碎石的中庭。中庭內擺了三四張白色桌椅，嫩綠的葡萄藤由屋頂垂落，爬滿一整面牆。

葡萄藤蔓生得最為放肆的那面牆下，有張鋪了白桌巾的長桌，桌上雞尾酒杯成排成列地擺著，除此之外還有無數瓶可樂、香檳與紅酒，以及好幾大盤配色鮮豔、造型創意十足的法式點心。

法國人有他們的一套特殊婚宴習俗，下午六點到九點這段漫長的過程是他們的下午茶時間。此時他們大多會手中捧著酒杯，小口啜著飲料，邊咬一嘴鵝肝醬餅乾，邊悠閒地在中庭晃著，四處找朋友閒聊。

我發現法國人特愛聊天，尤其愛站著聊天。相對於我們一群台灣人習慣圍桌而座，他們卻喜歡站成一小圈，熱誠地、真摯地、眼睛對著眼睛地，聊天。

正式婚宴九點多才開始。當服務生為我們端上第一道菜時，我嚥著口水，盯著那兩大塊淋上美味醬汁的干貝，與一塊焗烤鵝肝醬，開始覺得方才乘著腹餓而理直氣壯大肆掃蕩法式點心，似乎是件不智之舉。然後，那道接力在干貝焗鵝肝之後端上桌的法國名菜——羊蹄燉蔬菜，更是以它那驚人的份量，徹底地擊垮我們台灣親友的脆弱且渺小的胃袋。

導遊小陳說過，法國人與台灣人的民俗風情不同，我們吃飯配醬醋糖鹽，他們吃飯則配聊天談心。對他們來說，餐桌不僅僅是擺置碗盤刀叉、端放菜餚、填飽肚腹的地方，它毋寧是個交誼廳，是家人朋友的情感核心，是個可以張口大嚼同時放聲大笑的地方

時間緩緩敲打鐘面，午夜十二點在緩慢的上菜中悄然來到。只見隔壁桌的法國人仍是一口紅酒配一片起司、一口沙拉，用

開朗的高分貝講著我們聽不懂的笑話。而我們這邊卻幾乎全數豎起白旗，未曾吃飯吃到如此夜半，嚼動食物的上下顎早已陷入一種機械化的律動，或乾脆停工。再加上大半天婚宴下來，一杯杯雞尾酒、紅酒、威士忌緩慢而深沉地癱瘓了我們的意識中樞。

放眼望去，台灣團的夥伴們大多眼光渙散，有人不時瞄著牆上時鐘，有人無意識地用刀叉撥弄餐盤中不打算吃完的沙拉，有人雙手環胸，闔眼低頭，一頓一頓地打著瞌睡。甚至已經有人整個垮在餐桌上了。

室內溫暖的空氣讓我感到陣陣睡意，於是我走出餐廳到外頭的中庭，滿地的碎石子在腳下發出細微的窸窣。深夜了，法國太陽的體力即便再好，此時恐怕也早已在地平線下熟熟睡去了吧。

屋內傳來嘈雜的聲響，法國友人餐宴完畢，緊接著開始下一個活動：觀賞新人回憶錄。不遠的室內再度傳來歡笑聲。看見我詫異的神情，導遊小陳笑說這次婚宴的高潮還沒到呢！如此鬧到半夜兩三點，他們會開起舞會，並繼續喝酒、聊天、唱歌跳舞，直至日光在東方劃開一道魚肚白。

巴黎的夜，總來得特別晚，或許也正因為如此，總是逗留得特別久吧？

我深呼吸，夜半時分的空氣是沁涼的，帶著些微草地潤濕的氣息。抬頭看著頭上的夜空，晶瑩星粒鑲嵌在深藍夜幕，羈旅了億萬光年的星光閃爍不定。

這裡的星空要比台灣的繁密多了，難道法國的星星與法國人一樣，愛圍成一圈一圈地聊天嗎？那一閃一鑠的光芒是他們手中雞尾酒杯的反光嗎？法國的星星也有吃飯吃到午夜，緊接著開始跳舞的浪漫嗎？

浪漫結語

以前總聽說，法國人是個崇尚浪漫的民族，而巴黎則是他們的浪漫神殿，只是我卻從不知道這個敘述句的具體表現為何。今天上午在時尚動脈香榭大道的短暫遊歷，讓我陷入沉思，難道我在那些擦得無塵無瑕的玻璃櫥窗中看見的倒影（旅客、皮飾、標價、廣告），就是法國引以為傲的時尚藝術？難道在人潮擁擠的虛榮大街上啜飲一杯「價錢五星級」的溫冷咖啡，就是所謂的浪漫？

我曾懷疑自己能否在巴黎這個急速年輕、時間隨著消費的步履不斷更替的古老城市中，找到真正的浪漫。雖然對於自己所追尋的浪漫並沒有一個清晰的概念模型，然而我能確定的是，絕不會是那些精品店、商業街，乃至露天咖啡廳中被精美包裝、商業標價過的浮華。

而在這座典雅古堡，在這場節奏悠緩的婚宴中，凝視著屋內播放的短片，似乎有什麼畫面勾起人們的回憶，那群法國友人又發出一陣歡愉笑聲，那是某種充滿懷舊思緒的笑聲，似乎正說著「啊！對啊！瞧他當時……」我也聽見新郎新娘爽朗的笑聲，與他們應和著。

幸好，白天的失望終歸只是白天的失望。

親切的Lamorlaye小鎮店員、熱情的肉店老闆與他免費贈送的鵝肝醬、熱愛邊站著聊天邊敬酒的法國友人、希望我們可以喋喋不休的餐桌禮儀，以及這場包下了整套日出與日落的晚宴。我終究還是找到屬於法國的浪漫。

我們遊覽車的車頭燈打亮了半個夜晚，台灣團的團員們一個個踩著沉重的腳步，撐起漸漸浮腫的眼皮，勉力上車。不是我們台灣人不愛浪漫，我們當然也愛，只可惜我們的台製生理時鐘似乎與這種法式浪漫有些規格不合。更無他法，只好忍痛提早向法國朋友告別。

車門關上的那一刻，我聽見屋裡隱約傳來歌聲，以及衆人的掌聲歡呼。我調整椅背，闔眼，為今夜寫下結語。

至於外頭我們那群法國朋友，他們浪漫的夜，才剛要開始。

←攝影・張志輝

羊小腿的祝福

林惠敏

小巴士急駛上高速公路，漸行漸遠的巴黎，在難捨的最後一眼，悄悄收入昨日回憶裡。前往Lamorlaye小鎮，參加迦瑩的婚禮，是即將實現的多日期待。分針無聲走過四十小格，車子在一棟鐵灰琉璃瓦白屋身的兩層樓建築物前停下來，川堂的牆面上標示著「LIBERTE EGALITE FRATEFNITE」，同是頭一次到Lamorlaye小鎮的導遊小陳，以放心的口吻說明，這裡就是三點半時，迦瑩在此舉行婚禮的市政廳。仰看Lamorlaye小鎮的天空，鋪陳著晴朗氣色，棉花糖般的白雲在嬉戲，半弧街景在整齊中透露雅緻的街屋相襯下，泛起舒怡明亮的視覺美，穿流出的陣陣清風，也渲染著歡欣氛圍。

相繼來到的賓客，開心地互為貼臉問好，走到台灣作家親友團面前時，同樣說著問好的法語，但改以握手表示歡迎，這般的熱情相應，自有幾分聽不懂的趣味。響亮的掌聲接連著鼓起，是林副校長挽著愛女迦瑩走入市政廳禮堂的畫面出現了，婚禮即時開啓。司

←Pontarme城堡。（攝影．周世添）

儀介紹雙方主婚人，接由新郎的妹妹致詞之後，佩戴著紅藍白彩帶的證婚人副市長，請新郎新娘互戴結婚戒指，在結婚證書上用印，再將結婚證書開展示衆，宣表恭賀之意，自然流露出幸福的新郎，擁抱著新娘深情熱吻。感染到歡欣快樂的賓客，在門口排出左右兩列長隊，滿臉笑容的新郎新娘，緊緊地互挽著，輕踩小步步出禮堂，賓客將手中的小白米粒紛紛撒向他們，有如飛舞著成群小白蝶的空中，又飄揚著喝彩與祝福，大夥兒環圍著新人，一張又一張地捕捉亮麗影像，數十分鐘後，擁抱燦爛溫馨氛圍的婚禮，漸漸劃下完美尾聲。

導遊小陳事先作好打聽的功課，不負衆望，帶領台灣作家親友團來到十五公里外的Pontarme城堡。有如從歐洲風景月曆中走出來的Pontarme城堡，首先映入眼簾的是一望無際的草原，一對男女騎士的蹋蹋馬步聲，在伸延的小徑響起，由遠而近，環繞半圓的護城河，雄壯的模樣，在楊柳低垂陪伴下，妝點幾分恬靜與柔美，有如皇宮型式的城堡主建築，古典美的身影，讓環視的眼底遍佈讚嘆，它將為參加迦瑩婚禮的賓客，展開雞尾酒會、晚宴與舞會的慶賀三步曲。新郎新娘依預定的六點鐘時間，雙雙出現在古堡庭院，在掌聲與笑聲中啜飲交杯酒，拉開雞尾酒會序幕。鋪著潔白桌布的長型餐桌，三個盛裝泡躺於冰塊中的香檳酒桶是主角，排序成兩個大三角形的高角酒杯，擺出靜待品嘗好手的姿態，置放在圓盤裡，色彩打扮鮮美的有三明治、小西點、牛肉串等點心，頻頻向賓客招手，點心伴著香檳滑潤入口，香醇美味在舌齒間游迴，掃描一下每個人的表情，白裡透紅的雙腮飄出微醺醉意，偶爾佐配著和法國親朋自然比手式的交談，傳遞出源自原始的一家親和樂，也有五、六個稚齡的男女小孩，在草地上的小沙坑玩耍，不斷傳來銀鈴般的歡笑，攪動高昂又熱切的氣氛，但不流於吵雜，且溫馨加分的感覺，穿梭於偌大庭園裡。不知不覺，幾分空腸漉漉已填滿飽足，導遊小陳的叮嚀：「真正的婚宴晚餐時間是八點鐘至十一點鐘進行」，早已拋之腦後……。

服務生有禮地邀請賓客進入城堡內的餐廳，晚宴即將開始，此時天色仍像白天一樣的亮。台灣作家親友團一行二十人，依位置圖示紛紛找到座位。前菜隨即端上餐桌，精緻的小圓盤裡，盛裝兩樣食物，一是圓徑有五公分大的干貝球，兩個，二是包夾法國麵包用的鵝肝醬，有三大匙之多，如此的前菜，讓在座賓客眼睛為之一亮，一番刀叉交影，盡在醇厚口感中，吃出了主人的盛情。正在咀嚼齒香之際，坐在對面的八十歲的林先生，舉杯邀大家同飲，小口紅葡萄酒順口溜下肚，哇！無法言喻的味蕾，瞬間發酵，由胃竄流喉間，真是太美滿了！約莫半個小時後，服務生端上第二道前菜，一樣精緻的碟子裡，多種生菜，有紅、有綠、有紫，我嘴裡一一叫著名字，萵苣、甘藍……，頓時感到眼皮似乎要闔上，趕緊張大眼睛，用力撐開，才看見林先生和林太太已趴在桌邊，微微地打呼聲在傳波，蔡教授與陳小姐也大打哈欠，嚴先生夫婦在聊天：「現在是幾點？」「台灣時間是凌晨三點。」「難怪連我也想睡覺！」「我看妳是時差還沒調整過來？」「說的也是，昨天晚上八點多到巴黎，住進飯店梳洗好大約是十點，天亮的睡不著。今天上午在『思奶河』環繞一圈，下午一點出門參加婚禮到現在，算一算，真的睡不夠，不聊了，我想補眠。」嚴先生無趣地往庭園方向走去。我打量一下室內的景致，想是為了與古典建築體相輝映，並無一般餐廳的華麗氣息，除了餐桌上的鮮花與燭光之外，可以用「無裝潢」來形容。四扇長型木框大窗戶，透露古老價值，吸引了我的欣賞目光，意外地瞧見新人的精心設計，每個窗檯擺放列印輸出的照片，有新郎Eric Suarez的可愛童年，有神氣的法國海軍及肅敬的警官裝扮，更有巴黎鐵塔下的深情擁抱、阿里山上的賞櫻風情……短短的數行法文，應是在介紹新郎Eric Suarez的生平經歷，以及與新娘迦瑩相遇相戀的羅曼史。服務生一聲「哈囉」，打斷了我的思緒，也叫醒了睡著的人。主菜在服務生的熟練動作下上桌，輕瞄一眼盤內盛裝的東西，讓大家不約而同的交換著結舌表情。這道主菜是好大的一支烤羊小腿，大到以目測就可以猜出重量，少說也有半斤重，周邊還佈滿秀色誘人的炸餛飩球、烘蛋、磨菇和目宿芽。「哇！這一支不少錢吧！」陳小姐發出的驚呼，表達了所有人的心聲，卻沒激起大夥兒的食慾，只輪番舉杯互敬。

屋外的天色終於披上黑幕，完全暗了下來，由窗戶透現幾道微弱月光，心想去看看月光下的城堡，一定很美麗。才起身，女方主婚人林副校長夫婦，在陳社長和康老師陪同下，向大家敬酒，林副校長以感性的語氣，感謝大家遠從台灣來參加婚禮的厚情，還詼諧地說：「九月中旬，新人和親家會到台灣會親，換我們也讓他們吃到睡著，好不好？」引來一陣哈哈大笑聲。過一會兒，新人也來到席間敬酒，落落大方的迦瑩，關心地問起婚宴的食物是否合口？也

←婚禮晚宴（攝影·周世添）

說明法國婚禮的特色，在婚宴之後，親友們以類似「玩遊戲」的方式，與賓客分享新郎新娘的成長與戀愛故事，之後跳舞慶祝，持續跳到凌晨三、四點的舞會，是壓軸的同歡方式，同時也邀請大家，繼續參加PARTY。林先生率先舉杯為迦瑩獻上祝福，接而表示，來參加這一場法國風的婚宴，是八十年來的首次經驗，實在太難得了！

最後一道甜點是起司，似乎也讓台灣親友忽略了，時間已近十二點，賓客三三兩兩走向長廊，準備聚在一起玩遊戲。耳邊傳來小陳的呼喊，催促著台灣作家親友團快快搭坐小巴士，該回飯店了。月光下的城堡，有如一甕陳年老酒，累積的香醇就在今夜完美釋出，屬於一種獨特芬芳，包容無遠弗屆的熱愛。車子緩緩駛離城堡，經由車窗目送古典斜塔消失於轉角。灑滿月色的樹影，飛奔似地擦肩而過，空泛無意識的腦海竟浮現出一支羊小腿，是晚宴中那一支表皮酥烤、內面肉質結實有感，躺在盤子裡的羊小腿的俏模樣，帶有幾分傳統中法風味之融和美相，展現著歷經淬煉的幸福美姿，猶如今日成親的新人。迦瑩，祝福你們，永浴愛河，白頭偕老！我一路默禱！

中彰投澎湖金門第三桌

石德華

辛樂克加歸寧喜

有林明德老師在，基本上，我都可以放空。有事，他會處理；吃飯，他會幫你挾菜；打電話稱一句「老師」，那頭他就大聲回答「有」，反正就是，天塌了，有他頂。

但九月十三日那通電話，鈴聲第一響老師就接起，顯然當天必有非同小可的要事；沒錯，以全台灣而言，那大事叫辛樂克中度颱風，以林老師而言，那大事叫女兒迦瑩的歸寧喜。

但如果是辛樂克加上歸寧喜，那就實在很無解。

聽說高鐵停駛，從接喜帖那日起就在全盤準備的我，當場錯愕沒輒，但電話裡聽到老師的聲音，又開始感到台中與台北根本不遠，我丈夫說：「自己開車去！」他一直了解我法國行沒跟上的懊惱。

就這樣一躍而起，出門前確定高鐵要到下午才停開，除了風狂雨驟這一樁，我們終於完全比照原先預定的計畫，差五分十二點，順利抵達台北欣葉餐廳。

辛樂克加上歸寧喜喔，就是一整個島嶼都披上白濛濛的新娘婚紗。

中彰投澎湖金門第三桌

賀客排著隊魚貫入餐廳，說過的，有林明德老師在，就放空吧，連找座位的眼力都可省——你們的座位是，中彰投澎湖金門第三桌，多麼有規劃！

我明明口中對丈夫說：「平日有點忙，今天啥也別想，就吃美食，享受氣氛。」但念頭已開始小跑馬：

怎麼六十年老店欣葉餐廳怎麼如此光潔現代？

入門小巧櫥窗裡高低錯落置放了幾張新娘迦瑩和新郎在法國的結婚照，在聚光燈下顯得簡單優雅，我回頭對丈夫又說：「這樣佈置好清新別緻，我們女兒將來也學這樣。」這幾年參加喜宴，老實說不無觀摩實習之嫌，在心中細細做著筆記，預備將來抄襲拷貝，當然免不了會加上孰好孰弱的眉批按語一番。

不是說要放空？丈夫提醒我。怎麼還沒就席已開始認了真？

中彰投澎湖金門第三桌，我和丈夫選擇坐在柱子邊，欣賞著滿堂賓客，純粹就沾染喜氣，痛喝悠閒。賓客陸續入了席，離島的客人當然難敵風雨只有興嘆，而國外的都專程搭飛機回來了，本島的無論怎樣都得要蒞臨，中彰投澎湖金門第三桌，滿座。

我左手邊是台藝大人文學院院長趙慶河夫婦，對面是薛平南教授夫人及女兒、女婿，右手邊是宜蘭民族工藝師陳森桂夫婦及女兒，除了薛平南教授一家與趙院長一家原本就熟稔，其他都是第一次見面，洋洋喜氣薰染下彼此特別容易相熟，還未上菜呢，大家已建構起穩固的交叉網脈：趙慶河院長是我先生的鄉親兼學弟、我是趙院長高中母校的老師、陳森桂先生的女兒正就讀台藝大受業趙院長門下……，而全桌最熱烈、最共鳴的交集則是：大家都有女兒，有三家是獨生女。

有女兒的人

喝過上百場喜酒，也聽過精彩絕倫的雙方家長致詞，但第一次，我禁不住別過頭去擦拭眼淚，我被師母的一段話兜頭直撲，毫無招架之能力的脆弱起來，師母開口說：「我沒準備要說話，是迦瑩一直要我說……」，然後就哽咽了：「因為她太愛媽媽……」，最樸素的往往最華麗，最無飾的往往最動人，見我直掉淚拭淚，丈夫用表情在說話：「你也太入戲了吧，不曉得是誰自己說要放空的？」

聊天話題說起女兒，趙院長說好多年前，他一家和薛平南一家為了犒賞女兒考上大學，特地帶她們遊法國，那次，還在讀研究所的迦瑩也參加了，由普羅旺斯到花都巴黎，一路欣賞法國美景與帥哥，三個女孩異口同聲，用非常小女孩的那種讚嘆：「好想交個法國男朋友喔」、「好想住在法國喔」，這些話心由境生、近乎夢囈，絕對不用也不會有人當真，後來，迦瑩真的做到了。

我想，浪漫、獨立、追求自主、具執行力的獅子座女生，絕對有當真的本事。

當年三個法國行女孩之一的薛荷亭來參加迦瑩的喜宴，她自己再過兩週也要披嫁紗當新娘，準新郎就坐在身邊，只剩趙院長千金趙珩尚未有喜訊，但「女兒」總有那麼一天要嫁人，是我們這種有女兒的人，心照不宣的心事，突然有一種很錯綜的滋味在羨慕陳森桂，他女兒才大一，才、大、一而已，想當年我們夫妻送女兒去南部唸大學，安頓妥當順利告別，車一出學校大門，我就開始大哭，一路從燕巢哭到嘉義才停止，而迦瑩要嫁到，法國，法國有多遠？能天天回家吃晚飯的才不算遠。

女兒總是這樣，騙了父母所有的真感情，然後，就到別人家去了。

師母的哽咽，是世上最真實動人的語言。

林老師來敬酒，虛晃一下酒杯沾一下唇，他沒喝什麼酒，絕不會醉，但我知道，剛剛他在台上說女婿稱自己是台灣人的時候，醉了一下；親朋好友風雨齊赴宴，他醉了一下；看大家歡宴、笑談、高歌；他又醉了一下，對女兒女婿的祝福飽凝心中，不落言詮，他由神情眼底全都流洩了芳香醇厚。

一觴一詠皆有樂

林老師的賓客有幾類：學術界、民俗藝術界、文化界、文壇作家，當大家齊聚一堂，真令人有今夕何夕群賓俊秀的酣暢感，曾永義端著酒杯站起來了、王孝廉笑紅了一張臉、我放眼過去，邱坤良在那、張惠博校長在那、陳義芝在那、廖玉蕙在那、李瑞騰、封德屏、陳憲仁、吳晟、蕭蕭、康原……，維也那回來的音樂家曾乾一當著法國親家，當場高歌一首渾厚嘹亮的〈歐蘇拉米亞〉，滿場皆歡悅，開瓊筵以坐花，飛羽觴而醉月，酒過三巡，場子熱鬧到達高峰，這裡情事風雅、觴詠皆樂。

最令我難忘的是迦瑩的乾爸，雙方家長致詞的場面，他也是代表之一，輪到他的時候，他人竟不在台上，當致詞結束，正要上菜，乾爸又突然現身台上，原來，他準備了一份英文講稿，上台前還要再順稿演練一遍，一不小心，就錯過致詞，甫上菜鬧哄哄時刻，乾爸在台上用英語完整致詞。

這是迦瑩的終身大事，他堅持要在這珍貴的時刻不缺席，聽在我耳裡，那不是一句句英語，是一首真摯華美的祝頌樂章。

後記

迦瑩婚禮的兩星期後，趙慶河院長去參加荷亭的婚禮，又是一個颱風日，趙院長對也參加喜宴的林明德老師說：「你們兩家嫁女兒，都是遇水而發。」

從迦瑩的婚禮回來，直嚷說放空的我因入戲深，就打電話給女兒的乾爸乾媽，說起迦瑩乾爸的事，「你們很疼養涵，所以一定要站台上，一定要致詞。不過……」我特別叮嚀了一句：「請及早準備講稿。」養涵的乾媽電話那頭問：「那你給的準備時間有多長？」

我說：「五年！」

至於參加這場錦繡交織桃花園似的喜宴後，要記下文章以集冊，就真的像「不有佳詠，何伸雅懷？如詩不成，罰依金谷酒數」的別風雅致了。

↑攝影・周世添

城堡的想望

蕭蕭

有那麼一個人，在可親的土地上，呆呆地坐著、望著、想著，或者不想、不望、不坐，只是呆呆地站著——我覺得這就是一種最單純的幸福。

很小很小、會跑會跳的時候，我的遠眺記憶就從這樣的畫面開始，有時是呼嘯著的一群精靈，有時是被家事、農事所忽略的一顆星，跑跑跳跳在社頭八堡圳南北向的堤岸上，我喜歡偶爾停下來，隨時隨意停下來，向西邊望過去，深深一口呼吸，那是一無止盡的田野，直到地平線外，直到西下的紅夕陽的背後之後，直到風聲消逝的比遠方更遠的地方，綠、野著，田、野著，而我靜靜地望著，不為什麼地望著那片田、那片綠、那片率直的野。

這時我所站立的八堡圳堤岸，與那一片田野有著兩層樓高的落差，是的，依照我們後來對城堡的理解，我是站在城堡上，可能的一個巡訪的小堡主，或者想像的帥氣小王子，事實上，當然是現實人生裡一個小小的「農的傳人」。誰知道呢？或許我在等待荷鋤的堡主，肩上還挑著一籮筐的菜蔬；或許我在瞭望遲歸的父王，滿足於他巡視過的田水一無差池；或許我只是呆呆地守候一顆黃昏星，或許就那麼單純地喜歡那種站在城堡上的感覺，一種獅子座的尊榮。

後來我的城堡擴大了，我登上八卦山山腰處的「火巷」，在火巷周圍撿（剪）樹枝回家當柴火，或者單純嬉戲漫遊，瞭望田園的盡頭會是什麼樣的海峽？什麼樣的雲霞？所謂「火巷」，是任何山林必備的一條防火巷，防備萬一發生森林大火時可以圈定有限的範圍，不至於蔓延無辜的地帶；防備萬一發生森林大火時，救火車可以快速抵達，從富庶的員林，或者水源豐富的田中、二水。如今清水岩東邊這條「火巷」，已經全面鋪上柏油，開闢成自行車專用道，可以騎車、健行、養生，卻也依然保有火巷的消防功能。初中階段，初老時期，不同的人生的兩個時段，為著不同的生存需要，我常在這條火巷上或行或走，西側可以看見濁水溪北岸所有的田園，更廣更遠的土地，東方，我一直知道那是穩健的八卦山岩，可以依恃的一堵防風的牆，一條堅實的臂膀，這就是我小時候的大城堡，圈擁著生命中簡單的幸福。

↑攝影・張志輝

雖然一直確確實實知道小時候的城堡不是真正的城堡，但是那又何妨呢？

讀中學、大學時，我會將學校、圖書館當作自己的城堡，它們都給我一個自主而又可以豐富自己的空間，隨時轉換內心灰暗的場景，一堵一堵書牆所圍繞的書房，以及因而產生的冥想天地，當然就是屬於我自己私密的最小的城堡。——有那麼一個人，在自己的土地上，呆呆地坐著、望著、想著，或者只是呆呆地站著——這不就是一個「堡」，這不就是一種最單純的幸福？

這樣的堡，在我的散文裡一直出現著：八卦山的蟬鳴，濁水溪低沉的滔滔聲，無盡的油菜的黃綠美感迤邐到天邊，以及詩文字的異想奇思，翻湧著一股股新浪潮。雖然從小在困頓的環境裡長大，但是這種單純的「堡」的幸福感卻也同時漾蕩在心底，抵拒了多少冷霜、災厄與瘟疫。

但是，我一直沒見過歐式的、法式的古堡，只能想望五十平方公里綠色的樹林裡，隱隱約約穿過一條藍色的河流，隱隱約約呈現一座灰白色的五百年歷史的城堡，隱隱約約飄散著文藝復興式的古典與浪漫；德國的新天鵝堡、瑞士的汐雍古堡、荷蘭的豪斯登堡，法國羅亞爾河最華麗歡愉的香波堡，只能想望；那種純哥德式、哥德式與古典式融合、或者純文藝復興式的建築，挺拔著文明的驕傲，古樸著優雅的氣度，只能想望；那一衣帶水的奧藍蜿蜒，那黛綠分合的雅緻，或者葡萄的紅紫可能帶來的醺然，只能想望；只能想望小禮拜堂裡十七世紀的細緻壁畫，廳堂上黑檀木櫥櫃嵌鑲的白象牙，地窖裡醉入酒香的橡木桶群，以及它們所散發、洋溢的幸福氛圍……

如果再加上一襲純白色的婚紗……

再加上新郎深情的注視……

當我知道學長林明德的令嬡迦瑩賢姪女就要在這樣的法國古堡中進行婚禮，半年來心中彷佛也含融著濃郁的巧克力，充溢著浪漫與幸福的香甜氣息。迦瑩自幼在父母親環擁的城堡裡，盈滿著詩與禮的氛圍中充實自己，是許多詩友心中乖巧的女兒、理想的媳婦，如今遠在法國建立自己幸福的城堡，我們衷心祝福：她們的城堡像她們的父母那樣在穩固中瀰滿人生智慧，還要加添香檳式的喜樂與浪漫，一如古堡久久長長，恆保藝文的底蘊芬芳。

↑攝影．周世添

錯覺

賴芳伶

九月二十五日，女兒跟心愛的Eric離開台灣已安抵巴黎七天。

這幾天早上醒來一片安靜，只有陽光輕輕爬上客廳窗前的陽台，晨曦中的茉莉彷彿還睡著。不用急著張羅早餐，不用提醒女兒出門小心壞心的計程車司機、要記得在小可愛上頭加件薄外套、到哪要手機聯絡……，瞬時有如釋重負之感。

學校休假一年，想吃不吃隨興，睡到想起床才起床，電話可接可不接，誰都別想來煩，啊，多少人羨慕的時刻終於來臨。可是，悵然若失卻不知不覺悄悄佔領了我坐擁成王成后的空間。

離別其實早已習慣。女兒去國近六年，說是去追逐她的夢想。她年年回家撒嬌，隨時傳e-mail過來，每星期六、日必打國際電話報平安；雖然期間不無挫折，總是怕爸媽懸念，曉得要自己身心珍重。所以，我幾乎一直錯覺，有一天她會回家，長時間回家，想看就可以見到的那種回家。大概她不在家的這幾年，我都這樣安慰著自己，和深深疼愛她的家人。直到今天，在她窗前栽種四季桂與小薔薇花的爸爸，還跟我常常整理女兒念書時的房間一樣，三不五時地去澆水，好像每天下了課她就會回家，睡覺、吃零食，或深夜打電腦、和好友聊天。

十多年前美國職棒迷的弟弟執意到波士頓，親臨其境看紅襪隊比賽的現場。媽媽說女兒你陪他去罷，她果真就帶著弟弟一償宿願。小學時搭公車去萬隆王老師家學鋼琴，有一回回家身上剩下二十塊錢，想到弟弟愛吃熱狗，全數買了給他。後來兩人吵架，姐姐流淚哭泣不說話，我舊事重提，很快就雨過天青。

前年爸爸有機會去歐洲學術交流，女兒獨自搭車穿過英法海峽到德國看爸爸。回來後一看洗出來的照片，讓我欣慰又光榮。爸爸也掩不住得意，說人人誇女兒語文優異。大前年客座波爾多第三大學之行，也是女兒陪爸爸渡過雪地酷寒的冬天。他們父女個性相近，天不怕地不怕，不像我最怕外國人。

沒想到兩年前的暑假女兒回家，攜回我最怕的外國人——Eric，他們已經不只是好朋友了。若說電掣雷轟太誇張，我站在陰暗的廚房，一個人呆著想：揭曉了……女兒不知何時在背後輕聲道：老貓，我繞了一大圈才遇上的知己，我愛他。

果然是新世代。笑容可掬的Eric啊，「你會疼我的女兒嗎？」記得我是透過女兒翻譯這樣問他的。Eric微笑點頭，媽媽不放心再追上一句：「你會養她嗎？」Eric再點頭。女兒靠近我耳邊說：「媽媽，我要像你一樣，養自己。」一聽，不禁心酸酸。不是應該高興嗎。

好快，今夏七月十二日的法式婚禮，如期在巴黎郊區美麗古雅的小城堡舉行。女兒快樂極了！一對新人接受眾多來自台灣和法國、西班牙親友的祝福，我永遠忘不了那天深夜的酷寒，還有時差等等不適；可是，這些算什麼呢，只要女兒久久沉浸在愛情的甜蜜喜悅裡。

九月十三日辛樂克颱風滂沱大雨，女兒的歸寧宴再次匯集了台法親友的祝福。她和Eric一樣歡欣，Eric的父母不止一次向我示意，希望我們不用掛慮。我讓女兒傳譯「愛烏及屋」給Eric聽，Eric笑笑回答，他也會一樣。

女兒陪伴夫家親友到九份、宜蘭、花東遊覽了數日，我則忙著打理剛修繕得人仰馬翻的屋子。每天都累到快瘋，根本沒空去想「女兒出嫁了」這件事，何況她跟Eric的行李都放在家裡。問題是我的錯覺總有結束的時刻，即使我寧可就這樣錯覺下去。

女兒走了，帶著我們給她的愛的翅膀。臨走前殷殷保證明春就回來。媽媽笑笑說不急，心裡想人妻人婦了，再有了小孩……啊不要想不要想，她若有青春力氣就會回來。但不要飛太累。

第七天。我照樣進女兒房間抹桌子、澆花，打開衣櫥，整整齊齊都是她整裡過的衣物，耳邊響起：「老貓，能穿的你拿去穿。我回來會再穿的，放心。」

放心？是的，女兒一定記得，之前我曾在信上說拿她的貓皮來穿，很溫暖很想念。從小我們就叫她烏貓。我們永遠的烏貓。我真的放心嗎。

2008/9/25

我們什麼時候回家

林迦瑩

我其實沒有認真地想像過我自己的「城堡婚禮」。當然在人生裡最天真的時期，我和大多數小女孩一樣，希望嫁給白馬王子。白馬王子的模樣，卻始終十分模糊。唯一可以確定的是，我的王子必須要有一顆純淨的心。王子應該是住在城堡的吧，或者他有一雙威嚴的父母，或者他身邊除了用來拯救公主的白馬外還有一些小動物如兔子或白鴿，或者城堡周圍綻放著薔薇等等的。反正就是我們從迪士尼卡通裡認知的印象。

成長的歲月裡，我遇過的知己不少，卻始終沒有一個人使我有種「初見已驚，再見仍然」的感覺。也說不定只是時機不對。總之我算是經歷過一些風浪，但還不到歷盡滄桑的地步。善感的我熟背了幾部經典愛情片的台詞（電子情書【You've Got Mail】、二見鍾情【While You Were Sleeping】一類的小品），還曾日夜哼唱東尼班奈特（Tony Bennett）的經典情歌。這些犧牲了我寶貴睡眠的付出，就是為了在那直見性命的時刻，能夠與我失散已久的另一半共同編織如如同影片情節與歌詩中的恆久感動。

後來去回憶這些舉動，不禁啞然失笑。如果命運可以安排，那我們將無從感受「驚喜」的真義。早走或晚到而不經意和對方擦身而過，按佛家的說法是前世修得不夠。既然牽涉到前世，我再如何捶胸頓足也是罔然。日子像河水一般流過，我水間的映影有一種似懂而惑的神情。

也許沒弄清楚英格蘭的氣象報告，我獨自扛著行囊搭上往倫敦的飛機。還記得六年前的九月七日，媽媽和弟弟看著我走進登機門的背影，不禁紅了眼眶；翻過半個世界的我則是獨自在電話亭裡拚命忍住哽咽。我開始既灰且霧的苦學生涯，對於未來抱著極端的懼怕與不確定感。直到有一天，我在倫敦滑鐵盧站遇見了我的小王子，像Amélie在巴黎北站找到她的Nino一樣*。

過程當然很辛苦，距離「幸福快樂的日子」還有好一段路。首先是我們分隔兩地，我搬家或他心情低落時兩人只能在電話邊雙雙束手無策；再來是我唸完了書要回家，而他不希望離父母太遙遠。不過初識的興奮下，我們急於與彼此分享對電影、劇場以及披頭四、阿巴的熱愛，暫時將困境拋置腦後。宿舍與圖書館間的街道

*電影「天使愛美麗」（Le Fabuleux Destin d'Amélie Poulain）中，女主角Amélie的男友叫Nino。

上，路燈的影子拉得老遠。我看看月亮，看見他的眼睛；我聽聽晚風，聽見他的聲音。

當日子不停往前展開，現實壓在心頭的我們並不能放下一切往海邊去，因為就算真去到沙灘上我們的步伐也還是沉重。後來我寫論文寫到生病了，著急的他趕來倫敦接我去巴黎。之後那幾個月，他帶我去曬太陽、去找他住里昂的表哥、去吃很多美味的餐點。漸漸地，我的身子恢復健康，思緒清晰起來。曾經驚惶失措的我，在他以及他敏感良善的爸媽身邊感受到「家」的氛圍。想起千萬里外的爸爸、媽媽、弟弟和阿嬤，我告訴他我要回台灣看家人去啦，他聽了就說那他九月到台灣去找我，然後跟我一起搭飛機回法國。

這就是我和小王子從相識到結婚之前的故事。後來我們在他父母家附近的一座城堡結婚了。有別於法國一般城堡的宏偉奢華，以乳白與深棕色石磚建構的彭塔梅（Chateau de Pontarmé）瀰漫著秀樸的中世紀莊園氣息。我本來一直想邀我公婆家裡的Jaco（年約四十的灰色大鸚哥）、Mousse（身材嬌小的西班牙狗）、Sultane（黏人貼心的埃及貓）及Orphée（作風豪邁的三色貓）來觀禮，卻因城堡主人不准而作罷。隔天中午的家宴在他爸媽家花園舉行，淡淡的陽

←新娘迦瑩與新郎Eric
（林迦瑩提供）

↑新郎牽著新娘在花童的陪伴下
走出室外／攝影・周世添

光下朵朵白色的小雛菊害羞地微笑，橡木的枝葉則隨著南風搖擺起舞。

「那，」有晚我們看著電視，他突然問道，「今年我們什麼時候回台灣呀？」我從印度片「同名同姓」*的情節中抬起頭，看著這個表情認真的大男孩。那時我們還未結婚。他已經去了台灣一次，那次我帶他去花蓮、墾丁和金瓜石；我要帶著他認識我成長的地方，就像他當初牽著我的手去認識他的家鄉。二度造訪福爾摩沙，他隨著我重遊砂卡礑，還到澎湖去搭船、走尖銳刮腳的石滬。

兩週前我們從台灣的歸寧宴回來。這次去了赤柯山採金針、到九份老街泡茶看夜色、到宜蘭觀賞傳統技藝之美。飛機上，我先生說話了：「下次回台灣時，我要帶個空皮箱，然後裝滿台灣的東西回法國。」就像媽媽說的，我們現在有兩個家了——在地球的兩端。日常生活中，當我們被人事物弄得煩躁不已時，第一個念頭是回家。因為家裡有最親愛的家人與最熟悉的點點滴滴。「我們累了就回家。」我把頭靠在先生的肩上，輕輕地說著。

* The Namesake，一部敘說印度人在美國的劇情片，情節簡單、動人而深刻。

法國葡萄牙西班牙，一路，寫詩

岩上

歐遊剪影詩抄

`→攝影・張志輝

巴黎凱旋門

榮耀後的餘留陰影，拉長
歷史的篩檢與漂白

巴黎的凱旋門，挺直
架起
鷹架的維修

沒有門扇開關的門
通過歷史隧道的長廊
熙攘的遊客
從外表形象的浮雕
觀賞片面的投影

高聳穩健雄峙的門樓

反射，陽光釐清下
巴黎浪漫
悠閒而醉人的另一面

2008/7/12再遊巴黎

↑往羅浮宮／法國巴黎，2008（攝影．嚴玟鑠）

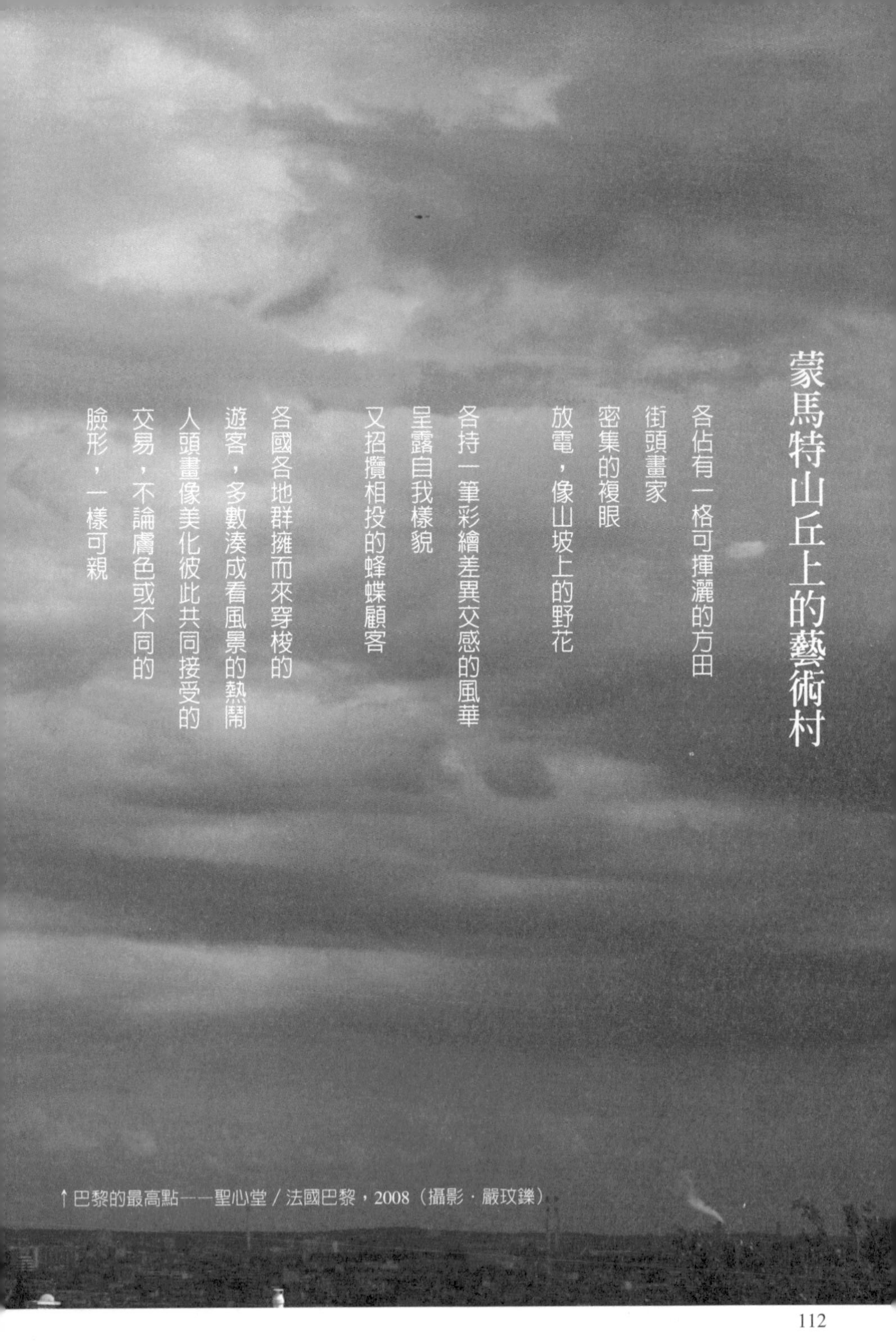

蒙馬特山丘上的藝術村

各佔有一格可揮灑的方田
街頭畫家
密集的複眼
放電，像山坡上的野花
各持一筆彩繪差異交感的風華
呈露自我樣貌
又招攬相投的蜂蝶顧客
各國各地群擁而來穿梭的
遊客，多數湊成看風景的熱鬧
人頭畫像美化彼此共同接受的
交易，不論膚色或不同的
臉形，一樣可親

↑巴黎的最高點——聖心堂／法國巴黎，2008（攝影．嚴玟鑠）

心定神凝，明暗靜動勾勒
瞬間決定永恆
筆觸的黑白與彩麗交錯的世界
巴黎市郊高地
架起另一個賣點

2008/7/13再遊巴黎詩記

↑畫家村／法國巴黎，2008（攝影．嚴玟鑠）

巴黎黑人小販

艾菲爾鐵塔聳入巴黎的天空
手持劣質小鐵塔模型販賣的黑人
比鐵塔的陰影還要黝黑

↓蒙馬特區。在往蒙馬特山丘的途中，這間餐廳的酒紅吸引我的目光，快門即刻鎖住那褪去繁華的「紅磨坊舞孃」（19世紀末，羅德烈特所繪製的廣告海報），我在餐廳窗外用光圈凝視，與用餐中補妝的法國女人形成三個不同時空的錯落，我超愛張照片啊！／法國巴黎，2008（攝影．嚴玟鑠）

川流不息的遊客
仰望高傲鐵塔的亮光
相機都採取向上的角度

小販招攬生意流動的身體
跟隨黏住遊客
比鐵塔陰影的移動還要迅速

警察的哨聲
響起，他們曾經也跑過被殖民統治的
饑餓

現實生活的黑點像黑螞蟻
流竄在白色磁盤上
為掙得一口膳餘的溫飽

2008 / 7/ 13寫於巴黎

洛克岬 cabo da roca

北緯 38 47N
西經 9 30W

陸地靜如貓行的
步履，到此裹足不前
海洋狂嘯的浪跡
從這裡囂張開始

站在這交叉點
天空沉默
只有陽光與雲朵在陸海之間
悠然越逾來去

浩瀚的大西洋
只能

幽幽地眺望
動靜的切割，海岸線
濺起白沫

＊洛克岬位於葡萄牙西海岸，是歐陸極西點，有「大地盡頭，海洋開端」之稱。

2008/7/14遊此記寫

↑奧比多斯-中世紀遺跡／葡萄牙，2008（攝影・嚴玟鑠）

仙達皇宮

建造雄偉的皇宮外壁
整修過的痕跡
把女人臉上的粉黛貼上
也掩不住
歲月的皺紋

宮內器物的豪華珍貴
抵擋不住
時光腐蝕的掠奪而老舊

窗外，起伏的山丘上
一幢幢別墅的造型顯得鮮明耀目
藝品店咖啡座休閒而盎然

皇宮只有廚房的
煙囪，底寬口窄成瓶狀
由地下室一體成形聾向天空
吞吐著清氣與藍天白雲共道
沒有甲子的分際

＊仙達皇宮13世紀建造位於葡萄牙里斯本。

2008/7/14遊記

↑花巷／葡萄牙，2008（攝影・嚴玫鑠）

↑奎爾公園內廣場平台支柱／西班牙，2008（攝影・張志輝）

人骨教堂

我們躺在這裡的骨骸
等著你的加入

——人骨教堂入口處碑文

肉體和表皮潰爛流失後
空洞的骷髏和骨骸架起
本來面目的
可憎
只有面對死亡
才能看出

驚覺，存在的本質
被包裹
幾多醜陋

五千具枯骨
裝置在教堂裡
黏貼於天花板支柱牆壁與信奉的上帝同在？
他們隔離著我們很遙遠
似乎也不遠

2008/7/15葡萄牙艾芙拉遊記

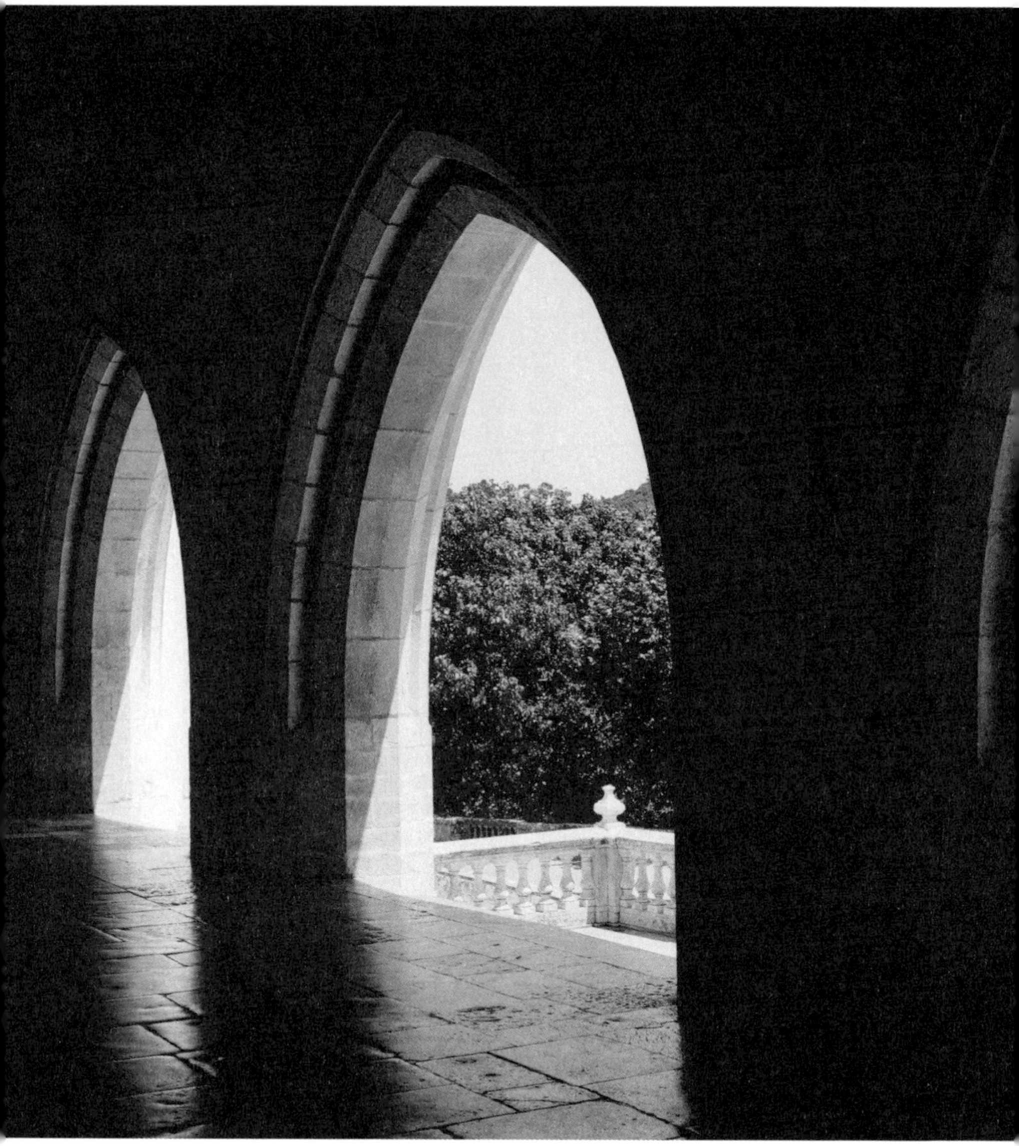

↑攝影．張志輝

黛安娜神殿遺跡

被供奉的神，所有的
最後都搬走
只存遺跡
先從維護神祇尊嚴的
牆壁，倒塌
到剩餘石柱苦撐無臉孔的
顏面

黛安娜神殿
十四根柯林斯花崗石圓柱和大理石地板
支持一千百多年前的羅馬型建築
穿梭過多少異族烽火戮戰
瘟疫和大地震的洗禮

夏日午時高熱的陽光
驅策遊客昂首仰望高聳的石柱
有些暈眩有些如戰爭的歷史
盲目的崇拜過她們的神明

＊黛安娜神殿座落於葡萄牙艾芙拉舊城區。

2008/7/15遊此詩記

西班牙的陽光

廣場上，躺臥的
街道上，溜躂的
沙灘上，假眠的
她們以胴體袒露的熱情
迎接陽光

我們只是過客
撐著陽傘
戴著寬邊的帽子躲躲閃閃

↑藍與白／西班牙，2008（攝影．嚴玟鑠）

是否我們體力不支
抑或旅途勞頓？
是否我們來自南島已吸足陽光
抑或數百年來
在殖民統治陰影下
習慣怕見陽光？

2008/7/15 旅遊西班牙有感

佛朗明哥舞

腳步的流浪
千山萬水的滴答伴奏沙漠的狂飆
無奈深沉的歌聲
吉普賽人顫抖的嗓音伴隨
被歧視的片斷與連續的音符

被撥弄揚起靈魂深處的
憂傷，穿越故鄉被遺忘的滄桑
定居或者繼續流徙，望鄉的細線
只譜出苦悶的休止符

安達魯西亞雜種文化的土壤民謠
西班牙挑逗的吉他琴聲
交媾騰出變形的

←橙香／西班牙賽維亞，2008（攝影．嚴玟鑠）

精魂，哀傷的蹙眉
踢躂吆喝的魅力

瞬間直覺的表情技巧
摔開無根性的悲慟腳步
迴轉飄髮一股堅強的韌性
不動的身軀扭動手掌中的手響板
如昂揚的樹葉迎接熱情的陽光

2008/7/16晚於塞維亞觀賞佛朗明哥舞秀詩記

街頭上的老人與狗

格拉納達街上的行人道上
白髮老人倚靠道旁長椅逗弄著小狗

一口吃著冰淇淋
一口舀給小狗舔吮

看狗蹦跳可愛
看老人滿足的笑容
我們停步駐足

狗以尾巴接線世界通用的語言
我們以微笑和手勢
向老人招呼
無聲的對話，齊物的

通流

世態的冰冷，身內
人間的甜美，只在身前
盡嚐在老人與狗之間的
一客小小冰淇淋上

2008 / 7/ 17 於格拉納達旅遊所見有感

↑阿爾罕布拉皇宮／西班牙格拉那達，2008
（攝影．嚴玟鑠）

2
Venta del Quijote

唐吉訶德小酒館

夏日午時西班牙中部拉曼都紅褐色的大地
酷熱的太陽
把唐吉訶德遙遠而瘦長的身影
縮短，我握住她僵硬的左手
不放，攝入相機裡
他的右手
慣性交給了長槍

荒謬的騎士傳奇傳遍全球數世紀
我翻越半個地球
才驚訝發現
他站在酒店門口招呼遊客，成為
招牌，是塞萬提斯筆下
出遊首夜下榻的

→唐吉軻德小酒館／西班牙，2008
（攝影．嚴玟鑠）

客棧

紅色波浪屋瓦
白色屋外牆壁
木質架構的平房接連
庭前的高輪馬車
石雕的水槽
陪伴唐吉訶德身穿盔甲的塑像存在於故事裡

酒店裡
超大並排的酒桶
只舀一杯葡萄酒
就足夠聯想數百年的微醺
尋找美麗公主的浪漫
咖啡一杯，清醒看到
唐吉訶德舞動長槍
挑撥風車魔幻的寫實戰役

日斜拉遠英勇騎士的蹄聲
跟著敏銳的獵犬和矮胖的隨從消失

＊酒店位於拉曼卻地區拉比賽山谷Puerto Lapice。

2008/7/19遊此記

戀戀不忘，浪漫花都與陽光城市

楊翠．康原．魏揚

歐遊札記

→風車村／西班牙．攝影．張志輝

采集城市疊影

楊翠

這個夏天，我走進歐洲的幾座城市，走訪一座座文化花園，聆聽一則則生命故事，陽光燦麗，顏色豐美，我隨興采集城市的吉光片羽，壓製成片段標本，聊供辨識旅途中流掠而過的風景。

這則旅行紀事，也只能說是這些標本的斷裂拼圖，那些無法連結的虛線，構織成另一幅慾望心圖，等待下一次造訪。

巴黎地景中的浪漫語彙

初抵巴黎，這座羅馬人稱為「被水包圍的城市」，儘管已不再是當年的小漁村，空氣中仍然瀰漫著潤澤水氣，還有老樹、老建築所散發出的豐厚時間氣味。我們沿塞納河畔，從左岸通過，河中島西堤島，是巴黎的發源地，波旁王宮、艾菲爾鐵塔，都是流掠而過的河畔風景。

←法國巴黎凱旋門（攝影‧周世添）

當然，凱旋門是巴黎想像的重要文化地標。我們來到凱旋門，古典主義藝術風格，門面上的浮雕，鏤刻著每次戰役中不同戰士以死亡寫下的生命行旅，由這裡拉出一條巴黎的歷史軸心。凱旋門向東，香榭里舍大道，敞開一條拜金大道，兩側環種法國梧桐，直通協和廣場。

雲層堆疊，天候微陰，略有寒意，站在凱旋門與香榭里舍大道的轉角，往前眺看，法國梧桐清秀的枝葉扶疏，與造型典麗的街燈，交相輝映在二十五公尺的人行道上。香榭大道是我巴黎想像的核心地標——人與時間和諧共處，每一個腳步都舒緩、浪漫、隨興。這樣的想像圖景非我獨有，陳社長與玉蕙也已迫不及待地尋找著名的巴黎左岸咖啡。

於是我們依領隊小陳的指引，來到香榭大道上一家據說很著名的花神咖啡廳，在露天咖啡座落座。我點了一杯卡布其諾，要價8歐元，有些溫冷，淡薄無味，巴黎咖啡的初體驗，陳社長看來有些失望，不過他以一貫的溫厚性情，體諒第一杯咖啡的味道不夠殷勤。從香榭大道開始，陳社長展開漫長的咖啡尋覓之旅，整個歐洲行程，他都在尋覓、品味咖啡，結論是，台灣的咖啡真令人懷念。

花神咖啡廳對街是ＬＶ法國總部，牆面上的燙金字體，玻璃窗映透出奢華風，宣示著資本主義構築的品牌、價錢與價值。我一向對品牌無知，也沒有興趣，玉蕙說，無論如何總要進去走一趟，聞聞ＬＶ法國總部的氣味也好，於是我們進去，沿著奢華與昂貴的展示櫃繞行一圈，無意識地翻看標價牌，然後格格不入地走了出來。

時尚與奢華是這個國度的一種語言，而浪漫則是它的深沉底蘊。法國人可以將整條龐畢度大道封閉，花上數百萬歐元，在上面鋪上沙石，種植棕櫚樹，讓市民享受海灘之樂。巴黎不靠海，以一條大道，虛擬海灘，想像自己徜徉在海水與陽光共織的天地之間。這也是一種奢華。

巴黎的浪漫語彙不僅止於時尚，乘船遊塞納河，古典與現代，各個不同時代、不同種族、不同風格的建築物，以及建築物裡的生活蹤跡，浪漫元素紛然雜陳。要進入碼頭之前，走經自由火燄，戴安娜王妃辭世的地下道上方，擺放不少花圈。剛跳上船，大雨疾然落下，途中，雨停天晴，我們走到上方甲板，如此近身地感知了塞納河的晴雨。沿岸古建築林立，風景如畫，時間，在這個國度，是如此被珍貴地保存著。

→窗外／法國巴黎，2008
（攝影．嚴玟鑠）

這個國度的歷史，重層地具現在眼前。我向來喜歡時間，喜歡時間釀製而成的故事與傳奇。出發前，親友對於巴黎的行程羨慕不已，而其實，在巴黎市街的一天半，我們依照旅行社擬定的行程表，循走既定行程，塞納河、艾菲爾鐵塔、凱旋門、香榭里舍大道，這類旅行總是如此按圖索驥，如此行色匆匆，稍一停緩腳步，多一些盤桓流連，就跟不上隊伍，還可能陷身陌生的城市街頭。攝影家張志輝就總慨嘆，匆匆與城市錯身而過，他與他的相機，都有些無法自由呼吸。的確也是如此，最後，在回憶中，巴黎的每一個地景、每一處生活現場，都交雜錯織，成為一個混雜團塊，如做夢一般，每多用力想它一次，就似乎多遺忘一些。

倒是文學文本中的巴黎地景，不在既定的行程表中，別具韻味，耐於咀嚼。遠望聖母院的鐘樓，那是雨果《鐘樓怪人》的場景；而《悲慘世界》中的地下水道，則一路隨行。你不必走到鐘樓裡頭，不必走進地下水道，因為這種貼近卻又遠望的觀看距離，最適於培育想像的花實。

第二天下午四點半，進入蒙馬特。想起邱妙津。

十九世紀末紅磨坊在此地誕生之前，蒙馬特就是藝術家聚集之處，此處也是巴黎主要的風化區，夜總會、性商品店林立。藝術與風化，激情與慾望，讓這座小鎮充滿了張力。

我爬上淺山小丘，看訪聖心堂和藝術村，在聖心堂前的長階梯上，各式街頭藝術展演錯落，音符四方跳動，觀衆隨處席地而坐，我與一位街頭藝人合影，他把自己裝扮成一尊純金阿拉伯雕像，金袍包覆身體，酷熱中敬業地成為一尊雕像。繞行藝術村一圈，我從聖心堂的高處向下望，想著這座小鎮的生與死、美麗與污穢、狂喜與沉鬱，那種生命的拉扯，都在這裡。也都在邱妙津的文字中，更在她短暫的生命裡。

蒙馬特與邱妙津是我們在巴黎行旅的句點。從凱旋門的戰士之死，到蒙馬特的作家之死，這趟巴黎之行，我們見證了各種不同的生命故事；這其間，城市裡，流浪漢與他的狗，又是另一種生存姿態。

流浪漢也是巴黎景觀之一，他們與巴黎無論古典或現代的城市語境都格格不入，卻又彷彿舞台佈景中必要的存在。許多流浪漢其實是緣自對現實生活的棄絕，放逐一切，也自我放逐。他們徘徊在現實與非現實的生活邊境，提示這個世界，生活還有另一種可能。

在瑪德蓮教堂對面巷內的百樂軒中餐廳用餐過後，走出彎曲巷道，路旁，白鬍子流浪漢與他的黑狗，遺世獨立般，相互偎靠，身旁僅有的一些生活物件，整齊擺放，他的人生竟然可以簡素到僅剩一方不到一張榻榻米大小的空間與物件，令我驚奇。

衣著整潔的老流浪漢召喚我思索自己的生活現實。尤其近幾個月來，我自己遭逢的諸多事件，讓我貼近面見台灣學術環境的權力操作、思想偏狹、以數據為準則的價值取向，除了依著這套遊戲規則走，否則不適合在這個生態存活，不願或不屑的消極抵抗，除了給自己找麻煩之外，完全無力鬆動體制一根汗毛。也許是緣於這個緣故，我頻頻回望流浪漢與他的狗，欣慕他那一小方潔淨宇宙。

我何嘗不厭棄現實生活，可悲的是，卻又無法棄絕一切。每每陷入對現實極端厭棄之時，我總愛繪製自己未來的林間小居和田園景致，在白紙上，以笨拙的筆觸設計房間，種植花樹，虛擬一條逃逸路徑。然而，現在我知道，我只是以另一種慾望觀想，來抵制現實的價值體系，我的生命物件無法簡縮到一小方空間，於是，我與我的山林田野，都只是沉思時的夢境，或者是怨懟時的遠方，難以企及。

大色塊的伊比利半島

法國人的優雅恬適是一種浪漫，伊比利半島上的葡萄牙人與西班牙人，則以直率與強烈的生活語言，體現他們的浪漫。

清晨，陽光燦麗，晴空無雲，有風，我們前往伊比利半島西南角的葡萄牙，當年「發現福爾摩沙」的葡萄牙商船所來之處。沿途夾竹桃的紅白花朵，一叢叢盛放，與紅瓦白牆的屋舍相互輝映。不同於巴黎的典雅風韻與清婉姿顏，伊比利半島是由鮮麗的大色塊拼組而成。

近午，來到里斯本，這城市座落在幾座山丘上，丘上紅瓦屋頂錯落，橄欖樹、紅白夾竹桃、白紫情人花、藍紫朝顏花、豔紫九重葛，擠滿調色盤，這是一座顏色飽滿豐美的城市。

初入葡萄牙，見淺丘上遍地灌木叢，遠望，紅土坡上，枝葉細碎款擺，我來自也是紅土坡的大肚山，驚異以為見到熟悉的滿山相思樹，後來知道那是橄欖樹，伊比利半島最常見的樹種之一。

←攝影・張志輝

葉片較細狹的橄欖樹，來自墨西哥，伊比利半島的人們視為生命之樹，它一如人的生命年輪，樹齡可達百年，二十五年樹齡是旺年，春日間開放乳黃色小花，清香散溢。花實由綠轉黃轉深黑，口感不同，成熟時油脂自動流出。

據說，橄欖樹根抓土很深，能耐乾瘠，不渴求水和肥，卻需要寬敞的空間，難怪滿丘的橄欖樹，種得稀疏寬疏。紅土坡上渴求空間的橄欖樹，讓我想起大肚山的紅土層，還有我的生命體質。能耐乾瘠，但渴求自由呼吸。

午前，來到歐洲大陸的最西隅，洛卡岬角。當時，人們以為洛卡岬角即是陸地的終點，大西洋則是惡魔的入口，常在岬角祭拜。我們前往岬角短暫駐足，大西洋敞闊無垠，湛藍海面看似平靜少波，但岸邊海風激狂，用力拉扯我的裙擺，幾乎難以站立，彎身低頭俯看，海角遍生的小花，在風中卻安適自得；這是一種黃色與粉紅色交雜的重瓣蓮，名為哭泣的花，朝開夕落，用力開放，以一天的生命，註寫她與海風交會的一生。

午后，豔陽赤烈，前往奧比多斯中世紀聚落遺跡。這個聚落就是顏色的拼盤，九重葛、凌宵花開得璀璨，市集裡有許多奇特的物件，玉蕙買了一頂白草帽，從此戴著草帽去旅行。在出口處，魏揚堅持要買一個大烤餅，品嚐葡萄牙的傳統滋味，大餅要價5歐元，以木材烘烤，確有一番耐於咀嚼的厚實芳甜，只是大得誇張，比他的臉孔還要大，他雖然一路盡責啃咬，總也不見少掉多少。

晚間九點多，天色初入黃昏，我們入住里斯本火車站旁的飯店。我的房間緊臨月台，鐵軌就在窗下，越軌，就可以實踐坐火車漫無目的去旅行的夢想。然而，次日清晨九點，從里斯本飯店出發，昨夜我終究沒有翻牆越軌。

一座複合文化展演場

葡萄牙的陽光仍然燦爛，貝倫塔旁的濱海公園，紅白花樹盛放，盛夏的伊比利半島，色澤恆常新麗飽滿。「航海發現者紀念碑」，鏤刻著發現者的足履；對發現者而言，這些足履註記著艱苦辛酸，以及宏偉壯舉；然而，對被發現者而言，卻是種種無奈與悲情的開端。紀念碑廣場的地面上，有一幅地圖，記錄著葡萄牙商船

→攝影・張志輝

與國家權力足跡路過之地，台灣亦在其中，島嶼形貌變體，狹形蕃薯走了樣，葡萄牙人的台灣認識論，不在於一幅精確的地圖，而在於這座島嶼的秀麗豐饒，一句「啊！福爾摩沙」的讚嘆，開啓台灣「被發現史」與被殖民史的序章。

按表操課的旅行，就是行路匆匆，風景快速流掠交替。午前午后，心路流轉；午前我對壯闊大西洋的讚嘆，午后才剛交替了對「發現者」足履與母鄉悲情的慨嘆，下一站，葡式蛋塔又以它的芳美，攫獲我的味覺，轉換我的心情。「航海發現者紀念碑」對街巷內的葡式蛋塔店，迴廊曲折，散發海洋的氣味。這裡的蛋塔口味絕佳，搭配咖啡，深覺人生之樂不過如此。啜飲此行最香醇的一杯咖啡，陳社長大喜，決定多吃一顆蛋塔犒賞自己，臉上露出滿足喜樂的笑容。

嘴角還潛留葡式蛋塔的芳甜，我們繼續上路，往羅馬古城艾芙拉前去。郊野是大片丘陵、草坡、梯田、水車、風車，通過泰嘉斯河的大橋，河面寬敞如洋，右方即是太平洋，水氣流漾，光色朦朧，而沿途遍地都是葡萄樹、橄欖樹，牛馬成群，斜坡小屋藏身樹叢中，鄉村風景都是生活現場，我所畫的小屋和花樹，全數都在這裡。

進入歐洲，特別感覺到時間的重層感，每一處都層疊著不同的歷史痕跡，交錯著不同的文化元素。事實上，地球上的每一處地表空間，都層疊著時間的故事，台灣當然也是，然而，台灣這半個世紀以來的統治者，卻急於抹消這座島嶼在他們來之前的記憶線圖與時間故事，台灣於是成為一座歷史感貧乏的島嶼。

我從一個歷史感匱乏的國度，來到這個歷史感豐沛的國度，感受特別深刻。艾芙拉的古羅馬遺跡，雖是斷壁殘垣，圓柱卻仍擎起厚重歷史；人骨教堂中，肉身死亡的氣味濃重，你覺得真的觸摸到了他們的魂體。從教堂出來，近處的白牆人家，灰鴿飛過煙囪，樹梢細碎的枝條葉片橫跨屋宇，則是一處鮮活的生活場景。

還有另一種生活，我們從台灣帶來，即使在美麗的地中海，也無法拋離。酷炎熱氣中，我與玉蕙一路併肩，不知為何聊起教學心事，彼此的經驗相互映照，熱情愛笑的玉蕙，為何會忿忿不平，心情鬱卒，我完全知道。一路細數教學中的悲與喜，風景流掠而不覺，只記得來到古羅馬遺跡前方，一小片柑橘園，有著鮮綠葉叢、橙黃果實和細碎白花，地上掉落不少過熟的柑橘，散溢一股芳香鮮美的氣味。我們幫彼此在柑橘樹下照了相，玉蕙的白衣裙白草帽，鮮麗奪目。

比陽光還熱烈——塞維爾風情繪

葡萄牙只是此行的過站，西班牙才是主要參訪之地。七月十五日，午后五時，陽光仍熾，我們前往西班牙梅里達。晚間七點二十分，毫無預警通過邊境，進入西班牙國境。

放眼都是大片紅土淺丘，農作物換成玉米田、蕃茄田、向日葵田，當然還有葡萄園、橄欖樹、李子園，夾竹桃依舊一路妖嬈，紅磚瓦舍仍然鮮明，冬天走避非洲的鸛鳥，夏天返回西班牙，在電線桿上築巢，它們身形龐大，黃昏裡振翅飛翔，有些驚天動地。

再往前走，紅土大地愈發乾旱貧瘠，有時連著一大片，上頭什麼都沒有，連路旁雜草都枯黃萎頓，我錯覺自己的旅程將隨著這片紅土延展，無有盡頭。這個十六、十七世紀世界最大的殖民國，因為紅土貧瘠，而來到豐饒的台灣，我的母鄉於是成了他們的殖民地。

我們持續向東。黃昏停格，陽光在左後方緊緊隨行，歐洲的夏天，將要八點了，陽光仍不肯歇息。進入梅里達，往艾斯特雷馬地區前行，這是杜羅河南岸的荒瘠土地，以前羅馬人在歐洲最西的行省。我們歇宿一宿，次日又進入此行最重要的旅行地點，安達魯西亞地區，準備前往塞維亞。從特魯埃西亞自治區開始，一路都是荒涼乾瘠的紅土坡。中途停靠小鎮加油，陳社長又找到他的咖啡，一杯一歐元，也還芳醇，陳社長滿足微笑。

比起陳社長對咖啡的小小滿足，玉蕙的豪情不同。塞維爾的正中午，高溫三十七度，在東海樓吃完中餐後，走出來即是勝利廣場，這是一個小市集，攤位林立，在等待遊覽車之際，玉蕙以迅雷不及掩耳的速度，買下一整面牆的披肩。而我也買了半面牆。相較於陳社長的滿足，玉蕙的豪邁，魏揚則有不同的際遇。在西班牙廣場時，放眼典麗的紅磚建築，中庭噴泉秀美，見獵心喜，抓起DV猛拍，一腳踩進新鮮馬尿中，於是得到要求一雙新鞋的藉口。

陳社長的咖啡心願，在黃金塔得以圓全。黃金塔的磁磚反射著陽光的燦亮光色，給我們在轉角咖啡館坐下的藉口。點了一客「西班牙咖啡」，濃冽的咖啡口感搭配濃郁酒香，滋味比陽光還烈。

在西班牙，味道處處都顯得比法國強烈，不加奶精的咖啡濃重苦澀，食物味道也重，鹹的極鹹，甜的極甜，就連著名的佛朗明哥舞，都是極致熱情，歌舞、吉他、響板，節奏激昂奔放，整座劇院都震動起來。正統佛朗明哥舞，看的不僅是身材、臉蛋與舞步，而是生命的投注；女主角的年紀最大，小腹也已明顯突出，但神情容色與肢體韻律，與她的生命年輪相互嵌印，歌舞動人。走出劇院，八點半，天色依然明亮，剛剛下過雨，左方劃出半邊彩虹，下午走過的赤陽之地，如今滿街水漬，色澤稍潤，氣韻清秀。

歷史層疊之都

出發第七天，陽光仍熾，沿途還是紅白夾竹桃盛放，乾旱淺丘和田園，滿山遍野都是橄欖樹、葡萄園、向日葵園。然後，進入格拉那達，一座時間層疊的城市。

伊斯蘭教曾經主宰過伊比利半島，阿爾罕布拉皇宮是阿拉伯人的中心母艦，精緻與壯美並陳，即使如今已成紅土廢墟，也還可以感知當年風華。旁邊一棟文藝復興式建築，是西班牙國王卡洛斯五世所建的宮殿。這片摩爾人口中的「陌生的土地」，西班牙人心目中的「石榴之城」，征服者的美學連同他的暴力，層層疊印在這片大地、這幾座建築之上，造就歷史的疊影。

這樣的複合文化元素，也可以在哥多華看見。哥多華，這一座歷史之城，位於瓜達幾維河畔，曾被迦太基人、羅馬人佔領，八世紀時摩爾人在此，達致鼎盛，成為當時歐洲最大城市，然而，十一世紀初，哥多華政權崩解，火焚城市，歷史烙下硝煙印記。老城區裡的大清真寺，正是文化相互疊印的註腳；這座羅馬人的建築，摩爾人延續，在舊教堂上建築清真寺，十六世紀，卡洛斯一世又在此建了一座大禮拜堂，大清真寺被割裂了一個區塊，異文化的光影相互扞格，拼貼出哥多華的歷史。

加泰隆尼亞地區的巴塞隆納又何嘗不是如此，羅馬人、西哥德人、摩爾人都留下征服者的足跡。然而，巴塞隆納比較特別的是，它在歷史發展中形成自己的獨特文化，並且住民深具認同意識，本地語加泰隆尼亞語不僅未被揚棄遺忘，更與西班牙語並列官方語言，95%的巴塞隆納居民可以聽懂加泰隆尼亞語，能寫的居民也有將近一半。

至於托雷多古城的時間感，則彷彿與當下無涉，這個中世紀的鐵甲之都，以太加斯河為天然護城河，整座城市都是世界文化遺產，猶如歷史的活標本，古氣薰染，蘊藉著厚重的時間氣味。

走訪唐吉訶德

西班牙之旅，遇見塞凡提斯，造訪唐吉訶德，是很難忘的經驗。旅程第九天，我們在哥多華火車站，乘AVE子彈列車，前往皇家城，票價三十七歐元。沿途，有雲，氣溫稍降，橄欖樹在紅土山坡綿延，遍地長著蕃薯一般攀地而生的植物，綻放白花。近午，我們進入「卡斯提亞拉曼查」地區，這個地名本身就交疊著兩種意象，複合著兩種文化與思惟；「卡斯提亞」是西班牙語，意為城堡，「拉曼查」則是摩爾語，意為乾旱大地。

乾旱大地，確是這片土地的最佳註解。風車村，唐吉訶德小酒

↑CONSUGRA風車村／西班牙，2008（攝影・嚴玫鑠）

館，都源自這片赭紅大地。唐吉訶德小酒館座落的小鎮，放眼望去，一片藍白色調，與天空連成一氣。這間小酒館，據說是當年落魄的塞凡提斯經常出沒之處，酒館是一間農舍，中庭立著唐吉訶德的塑像，蒼老瘦瘠如竹竿般的身軀，抓著一隻長矛，仰望天際。這樣的生命形象，原來緣自這片乾瘠大地。賽凡提斯塑造了一個典範，在瘦瘠的石礫層紅土上，唐吉訶德發夢追逐風車，追逐理想，如橄欖樹一般，容耐乾瘠，用力抓緊土地，茁長成生命之樹。若干年後，我們追逐唐吉訶德夢想的足履，跨海而來。

傻子們在不同的時空裡，以同樣的執著，上路。在巴塞隆納，閱讀高第建築中的美學語彙，也是充滿執著傻勁。他以大自然的元素，陽光、蛇骨、龜殼、鎖鍊、蜂窩、貝殼、岩石、蓮蓬、豆莢、魚骨，讓生活空間舞動著自然與人文錯雜的美學。那座他生前未能完成的聖家族教堂，看著就像是一個夢，一個唐吉訶德式的夢。

當然，還有畢卡索，在四隻貓餐廳落魄遊盪的年輕畢卡索，畫作成為四隻貓餐聽的MENU；在巴黎孤獨流浪的畢卡索，畫布裡添加了漫遊者的顏色；立體畫派時期的畢卡索，開始將影像剪接、組合，以畫作拼貼生命的不同視角與情緒鏡像。從寫實主義到立體畫

←守護／西班牙，2008（攝影・嚴玟鑠）

派，畢卡索一如他筆下的鴿子，總在尋找一方可以讓靈魂自由飛翔的天空。

旅行與返家

這個夏天，我走進歐洲的幾座城市，如同走進一座座繁美的花園，陽光豐沛，色澤飽滿，還有聽不完的故事。

因為陽光的緣故，我熱衷於采集陽光偏斜處的陰影，建築人文與自然花樹的交錯嵌印，歷史記憶與生活現實的疊影，還有自己的足履投影。

城市，最吸引我的，除了時間的故事，還有街燈、樹叢、牆面、雕刻和窗子，以及它們之間的親密關係，我總是帶著一種自己都難以理解的偏執，仰頭尋找屋頂、窗櫺、街燈、牆垣與樹梢，我的相機裡，也充滿它們的畫面，

也許，我只是藉此想像一幅清美的日常生活圖繪；有窗、有樹、有燈、有影，有人生。這些生活畫面，有的很現代，有的很古

老，古牆與藤蔓，當然是絕配，而海洋氣味濃烈的巴賽隆納，高第以大自然的元素，森林、海浪、葉脈的肌理，讓建築發出多重話語，也是一種動人的生活美學。

無論古老或現代，自然或人文，這些生活元素本身就是最感動我的地方。我其實早就知道，無論走得多麼遠，我在尋找的東西都一樣；旅行，對我而言，是為了尋找更好的返家路徑，出走，是因為期盼能夠安靜喜樂，在家生活。

城市的記憶與狂想

康原

引領世界潮流的巴黎

迦瑩婚禮那天的早上，我們進行了巴黎市內觀光。在巴黎的行程只安排了兩天三夜，實在無法深入了解這個城市，也只好以走馬看花的心情去捕捉花都人的生活。從凱旋門、艾菲爾鐵塔與香榭里舍大道，近五千八百九十七萬人口的巴黎，是一座引領世界潮流的現代城市，美麗塞納河像巴黎的靈魂貫穿了整個城市，使巴黎柔軟了起來，這條全長十三公里的寬闊水道，像一道半弧形劃過巴黎市區，給河的兩岸帶來不同風貌的景觀，吸引世界各國旅人的追尋。來到巴黎的旅客一定要乘坐渡輪，沿途欣賞河兩岸的風光。我們坐渡輪時下起了雨，本來坐在船上的客人很快的躲入船艙中，雨點飄打在窗上，形成一道朦朧的窗簾。望著河兩岸的景致，雨中呈現出另外一種美感。船上的解說有各國語言，這種多語的介紹滿足來自不同國度的遊客。

→花神咖啡館前的康原身影／法國巴黎，2008（攝影・蔡全茂）

河的南邊稱左岸，有知名的咖啡店以及拉丁區，充滿著藝文氣息，許多騷人墨客都喜歡在此徘徊，聞著咖啡的香氣，望著時尚的女郎，尋找創作的靈感，創作出多元想像的藝術。第二次來巴黎，又見凱旋門矗立在巴黎的天空下，我們在香榭里舍大道的花神咖啡廳，把匆忙的腳步停下，點了各種不相同口味的咖啡，只為了在浪漫的花都，享受一份幽雅情境。我喝一杯九歐元的咖啡，看著形形色色的人，全茂開始以畫筆捕捉街景與人物的表情，做了寫實的紀錄，在LV名店前，許多人在標誌前留影，滿足一下虛榮的心情。

我們路過聖母院時，導遊談到作家雨果（1802-1885）以此院為描寫場景的《鐘樓怪人》，是因為雨果去參觀巴黎這座聖母院，發現在牆上刻的字——希臘文的〈命運〉文字，引發其創作的靈感，因此就以此院為背景去寫這本《鐘樓怪人》。

導遊也談到以巴黎及其下水道為場景來書寫的《悲慘世界》作品，寫了這本小說後，雨果回到巴黎被當成英雄來迎接他，這本書寫當時巴黎人民的生活，雨果透過小說寫一八一五年維也納會議，歐洲各國讓路易十八復辟，但他在一八三〇年二月革命被推翻，由看似賢明的查理十世繼位。書中的革命故事被安排在一八三二年，那是一個政治上看似清明平靜但社會上貧富差距懸殊，人民生活無所適從，各地暴動連連的時代，整個巴黎彷彿是一把過熱的鍋爐，滾沸的氣泡不斷冒出，就等著即將醞釀成一場大火。雨果將革命主題設在此年，一方面在突顯革命本身的荒謬，一方面為了不讓革命模糊了焦點，因為雨果的重點不是在強調革命的歷史意義，而是動亂背景中的百姓生活。

來到這引領世界潮流的巴黎，當導遊講到雨果的小說與巴黎的歷史人文，讓我有許多想像，雨果筆下那個年代的巴黎，與如今的巴黎相差了多少？現在在巴黎的街上還發現大都會中，還有許多蓬頭垢面的流浪漢，算是巴黎的另一奇景。

羅浮宮是來巴黎的人所嚮往的景點，這裡本來是法國皇宮，建造於一一九〇年。十四世紀時查理五世改建後使羅浮宮充滿文藝復興時期的建築風格。一五四六年，喜好收藏藝術品的法蘭西斯一世把舊城堡拆除，在原址上另建新宮居住，從此開始羅浮宮就不斷進行翻修，一直到拿破崙三世才算告一段落，羅浮宮也因此夾雜了一些哥德式的建築風。一九八三年羅浮宮重建工作由華裔建築師貝聿銘負責，最令人津津樂道的就是入口處的現代建築玻璃金字塔。因為建造當時曾受到多方人士之質疑與阻撓，沒想到現在成了全球著名建築，羅浮宮的外貌也多了一層現代建築色彩。自一七九三年起正式對外開放，羅浮宮收藏自中古世紀至十九世紀之珍貴歷史文物、圖畫、雕塑品、工藝品、藝術品。

↑羅浮宮一景／法國巴黎攝影・張志輝

為我們導遊的小姐姓蔡，來自台灣的北港，他還知道北港地區的六尺四仔、阿善師的事情，在台灣讀的是淡江大學法文系，本身對歷史很有興趣，到法國已經有三十多年了，嫁給了法國人認同了歐洲的生活方式，三年前曾回到台灣，卻已經不習慣家鄉的生活了，心中所想念的是法國的家，或許這就是一種對土地的認同，她解說羅浮宮三寶：蒙娜麗莎的微笑、雙翼勝利女神和維納斯雕像，能言善道還有許多姿體語言，令人印象深刻，這次參加我們的旅遊團中，有兩位畫家蔡全茂先生與嚴玟鑠小姐，兩位都認真的書寫筆記，羅浮宮我是第二次去，聆聽不同導覽人員解說，有不相同的感受。

里斯本的威風雄雞

巴黎的凌晨三點，旅人漸漸入睡，床頭的電話鈴聲已經催起床，為了趕早班的飛機往里斯本，路上有點陰沉的怪異現象，還好在路旁守候的燈，給我們一點溫暖，坐在遊覽車我還如在夢境中，恍恍惚惚的比預定時辰早到機場。約八十分鐘就抵達里斯本，對於這個地方的名字，在還沒出國以前，攝影家張志輝給我一個影片《里斯本的故事》，可惜還未欣賞。我是從《里斯本之夜》這本小說得知這地名，作者是雷馬克，書中描述二次大戰時，德國猶太難民湧入里斯本，在德軍進佔前夕，大家都想拿到船票離開，一位難民遇到神秘人物舒華茲，願意將價值連城的船票給他，只要他陪他一晚，聽他的故事：大時代裡不得不分開的相愛夫妻，丈夫冒死潛回希特勒德國，為了見妻子一面，重逢後卻展開驚心卻甜蜜的逃亡生活，深刻地描寫一對夫妻的故事，卻也代表二次大戰時，千千萬萬的人民失散破碎的猶太夫妻。

這趟旅程只有一天半的時間在里斯本停留，對於這個陌生的城市，印象中只知道這個地方，是由十字軍東征時的一支基督教軍隊所開創，後來才建立起一個國家，有許多古老的街道與純樸的民風。這個位於太加河畔的里斯本，傳說是由希臘神話中的英雄尤里西斯所建立的。大力士尤里西斯巨掌一劈，神力由天而降劈出一條太加河及河畔連綿起伏的里斯本，同時大力士尤里西斯遇到了女神卡利普索，兩人進而相戀相愛。然而，多情的女神終究留不住尤里西斯；當尤里西斯決定離開里斯本，女神卡利普索傷心欲絕，止不住內心的悲哀，化作一條蛇纏住尤里西斯，蛇身最終化成七座小山頭，這就是里斯本的地形猶如七座小丘的由來。如今，流連盤繞在里斯本起伏的山頭，面對著茫茫的大海，如同女神卡利普索的憂傷，對著大海哭訴著。

葡萄牙籍的導覽蘇珊娜以流利的英語，談著里斯本的愛情故事後，並告訴我們葡萄牙人喜歡足球，里斯本有三個大足球場，還談到里斯本出產一種軟木塞做成的皮包，質感深受顧客的喜歡。在談了許多里斯本的歷史人文後，車子終於抵達了歐陸最西端的洛克岬（Caboda Roca）；有人說這個地方是「大地之盡頭，海洋之開端」，其實是詩人卡蒙斯站在洛克岬所創出來的詩句「AQUI……ONDE A TERRA SE ACABA E O MAR COMECA」意即「陸地之終，海洋之始」。我站在這個地方位置是北緯38度47分、西經9度30分交界的一處斷崖，我們站在洛克岬紀念碑前照相，強勁的海風陣陣的吹來，面對茫茫的海洋有一種旅愁充塞著心靈。

矗立的石碑造型簡單，頂端有一個十字架迎風而立，石碑面對大西洋，我也面對此海洋，真有許多感觸，折回旅客服務中心時，領隊小陳已經為我們領了一張「抵達證明書」，精緻的證書領到後，我們走入藝品店，為了選擇一件小藝品，在葡萄牙的商店中，有許多公雞造型的小玩意，我突然想起小陳說的〈雄雞的傳說〉：「在十七世紀時葡萄牙北方的一個小村莊巴希羅斯（Barcelos），從西班牙加里西亞來了一個朝聖者，無辜被捲入當地的謀殺案，被誤認為是此案的凶手，這個朝聖者雖然極力喊冤，卻無法取得法官的相信，被判死刑。在當時死刑犯要執行前一晚，囚犯有權力做一項死前的願望，這位朝聖者要求見判官一面。當獄吏帶朝聖者去見判官時，這位判官正在宴請賓客，看到這位犯人，心情產生怨恨就說：『死刑的人，你還有什麼話說？』這位死刑犯就說：『法官啊！我是無罪的，死也不會瞑目，我的清白像你桌上的那一隻烤雞。於是這位囚犯就開始許願了——聖雅各可憐我為我主持公道吧！請你顯聖靈，在我被套上絞繩前，讓桌上這隻雞站起來，替我喊出冤情而大聲鳴叫！』這位法官聽著大聲的嘲笑說：『烤熟的雞怎能鳴叫，簡直是瞎子說夢話。』沒想到話剛說完，這隻烤雞先發出鳴聲，隨即站在桌上，一聲聲的啼叫。在場的人看到這種神蹟降臨，感到不可思議，法官也相信這次的宣判是冤屈了這位朝聖者，於是當場宣布朝聖者無罪，而這則傳說就在葡萄牙代代相傳下來了！」

於是葡萄牙人就相信雞是吉祥的動物，是仗義執言的使者，工藝家們就捏出了雄雞美麗的形象：雞冠特別鮮紅而挺立，有一雙精明而趣味的卡通眼，雞身妝點著活潑的七彩色澤，有彩繪成小紅心或紅點，還會有繪者加上一些植物花朵，討人喜愛的藝術品看起來令人莞爾，這是具有工藝傳統的葡萄牙工藝家，創造出來的神雞造型，現在的葡萄牙已經講著這則傳說來行銷雞的藝品，這隻雞就變成了世界各國來葡萄牙的旅客喜歡買的紀念品，於是變成親善大臣。

很多藝品設計者就會在彩陶或刺繡上，加上雞的圖騰，變成葡萄牙手工藝的象徵，於是掛毯、桌巾、手提包、上衣都被這隻雄雞統治了。這些藝術品使我想起家鄉地區的王功港區，有一位藝術家余季在雞年時，於福海宮廣場用蚵殼做了一隻金雞，在台灣雞有報曉的功能，有產金雞蛋的故事，更有人聞雞起舞。於是台灣有人說「飼雞顧更」對農業時代的人有司晨的功用。另外在台中烏日地區有一座廟宇，祭拜神明是不用雞當供品，因這地方的人，雞是他們的恩人：傳說在清道光年間，烏溪南岸的彰化田中央人民，要築福馬圳的攔水壩，以便引水灌溉（地點約在現烏日國中南邊的溪底），烏日人因不讓對岸的人民築水壩，恐怕洪水來臨淹沒烏日，於是兩岸約定決鬥。決鬥之日清晨烏日的雞全鳴，村民跑赴溪邊，對岸的鄉民也趕到，清政府聞到格鬥消息，急速化解此場鬥爭，後來調解只用石頭築壩，大水來時，自然沖走石壩，就不會危及烏日鄉民。烏日村民為了對雞的感恩圖報，不用「雞」祭拜王公。這個故事與葡萄牙的雄雞故事是異曲同工，都是源自於民間傳說的故事。

內人聽完了雞的故事後，非常的感動，就買了一個十四歐元的威風雄雞，她還說媳婦生肖屬於雞，買一隻陶雞送給她，當為遊葡萄牙的紀念品。踏出藝品店我一直想著台灣，現在正推動旅遊活動，是否能將地方產業配合地方性的故事，當遊客到任何一個地區都能買到具有地方性格的工藝品，或各種藝術作品。

從海邊的洛克岬出來之後，走訪仙達皇宮（SINTRA），這座素有甸園之稱皇宮，融合阿拉伯與歐洲文化所延伸出來的特殊風格，宮內那些磁磚是代表葡萄牙的傳統藝術，色彩鮮艷的磁磚是令人振

↑攝影・張志輝

奮的的藝術瑰寶，葡萄牙稱磁磚為Ajulejo，源自於阿拉伯語，意指「發亮的碎石片」，這種磁磚是十五世紀由西班亞傳入後，流行起來。看完仙達皇宮與聽完相關的故事後，我們又到奧比多斯（OBIDOS）古城去參觀，這個古城有一個令人羨慕的愛情故事，傳說在一二八二年，葡萄牙的國王狄尼斯的愛妃伊莎貝爾，來到這個小村莊，被它的美麗吸引住了，於是狄尼斯國王為了表示對愛妃的愛意，就把這個莊園送給了伊莎貝爾，自古以來不管是東西方的帝王，對於愛情總是表現出不愛江山愛美人情懷，自此以後這個地方就成為王妃的專屬地，如今我們看到中世紀遺蹟，也是昔日王妃的領土，想著偉大的愛情故事。

奧比多斯（OBIDOS）被稱為「中古世紀露天博物館」，有順著山勢延綿的城牆、大教堂、藍、黃條子相間的漆著白色牆壁的平房，穿梭這些房子中間的巷弄，我們尋覓著歷史遺落下的故事，順著地勢建築的聚落，散發出生活的趣味，奧比多斯最熱鬧的小街中，人潮一波波的流過，走在人與人的夾縫中，邊走邊看各種工藝品，有刺繡、陶藝、木製玩具、各種造型的玩具，在這條巷弄中有許多人穿著奇裝異服，聽說這樣的妝扮可以免費進入中古劇場，去看各種藝師的表演。

這個小城給我最強烈的印象是紅瓦白牆，每棟房屋都有不相同的造型，許多白牆上吊掛著各種色澤的花，窗上還裝有雄雞的裝飾，人還可以沿著石梯爬上城牆，上面有人行道，圍繞著小城的牆聽說有一點五公里，約要四十分鐘才可走完全程，因團隊的時間有所限制，爬上去後我們立即下來，望一望藍色的天空，白色的雲朵，揮一揮手再別了這個美麗的小山莊。

葡式蛋塔與人骨小教堂

葡萄牙人是一個善於航海的國家，是開啓航海時代的先驅，早年發現台灣時，喊出「福爾摩莎」的驚嘆語，這是我對葡萄牙國家的最早記憶。來到里斯本，當然要到太加河岸的貝倫區去看發現者紀念碑及貝倫塔，眺望葡萄牙第一大橋（四月二十五號大橋），欣賞河岸的綺麗風光，並順道去吃酥脆的葡式蛋塔，聞聞咖啡香味，並到傑若米修道院欣賞曼奴爾式建築。

遠遠望過去在河岸上有一艘白色的船，當遊覽車抵達，下車走到旁邊後，是一座雄偉的雕塑作品，小陳告訴我們這作品高約五十二公尺，上面刻有葡萄牙的國旗，船上雕有一排人，栩栩如生的呈現出四十五度角，最前端是一位左手拿地圖、右手托帆船的領袖人物——亨利王子，這座於一九六〇年建造的發現者紀念碑，這樣的人物造型表達了葡萄牙人航海的雄心，訴說著：一四一五年亨利王子從航海學校畢業，懷抱著探究海洋的神秘，扮演著發現者的角色，在葡萄牙國王若昂一世的授命下，帶著一批海上的探險隊，成員包括了懂得觀天象、看星座的天文學家，熟悉航海的繪圖學者，也有騎士、士兵、傳教士都加入航海的行列。

在這座紀念碑的背後的廣場地上，繪有世界的地圖及發現新大陸的年表，看地圖時我們找到現在站的位置之後，開始尋找台灣的位置，先看到老母雞型的中國地圖後，離東南角不遠的海中，就有如甘藷型的海島台灣，看到這地圖之後，更使我感到台灣在世界地圖的比例上，實在是渺小，孤立的置於海洋之中，顯得孤獨無依，但台灣人並沒有因土地的狹小而失去信心，有許多傑出人才在世界各地揚眉吐氣，為台灣增加能見度。

離開發現者雕塑不遠的地方就是一座歷史悠久的傑若米修道院，一眼望過去就能發現這座修道院的建築雄偉，因為這座修道院是在葡萄牙航海事業巔峰期所建造的，我們來到修道院拍了一些照片之後，許多人所關心的是這座修道院所發明出來的美食蛋塔，而如今盛名傳播到世界各地的葡氏蛋塔，小陳帶我們到一家一八三七年就開設的蛋塔店，店面看起來並不豪華，然而踏進店中，香味樸鼻，那不規則的房間，一直延伸進去，客人也真是高朋滿座，小陳帶著我們尋找位置，四人一小桌坐定之後，很快就端出了蛋塔。

一桌四個人，每人一個蛋塔一杯咖啡，這家蛋塔店聽說製作技術源自於傑若米修道院，葡式蛋塔正式的名字「Pastel de Nata」，葡萄牙人都簡稱Nata，金黃色如布丁的蛋塔，外皮酥酥脆脆，其中的餡卻軟軟，芬芳的奶香味道令人忍不住咬下一口，慢慢的品嚐。葡式蛋塔：是一種小型的奶油酥皮餡餅，其焦黑表面是其最大地特徵。據傳十八世紀時，由里斯本傑若米修道院中的修士所發明。十九世紀時廣為流傳，當時因為許多的店家位於里斯本的Belem區，故又稱為貝林塔。在台灣吃東西常被內人說狼吞虎嚥，食而不知其味，來到歐洲的這幾天，學習如何慢慢的品嚐美食，在台灣我也曾經吃過蛋塔，但皮好像沒有這樣薄，脆度也比不上，這種蛋塔吃下嘴中，有一口即化的感覺，來到歐洲總是想嘗試當地的風味餐，在台灣吃米習慣了，到歐洲主食總是吃硬硬的麵包，慢慢咀嚼習慣了，會感到麵包也可口好吃了。

艾芙拉（EVORA）地區，有一條十月五號（Rua 5 de Outubro）的街道，沿著這條街道有許多藝品店，再往前一點是艾芙拉地區的第三級古蹟，羅馬時期遺留下來的黛安娜神殿，以及柯林斯石柱，看完這些古蹟之後，我們到達聖方濟教堂，這個教堂最特別是用五千名大人，以及小孩的骨頭排列而成為教堂中的裝飾，這是多麼奇特的建築方式，人骨也能做為建教堂的素材。

在台灣講到人死後的骨骸，總是令人毛骨聳然，人死必須入土為安，不能使骨頭曝露於外，怎麼可以把人的屍骨黏貼牆上，而這座人骨教堂的入口處竟然寫著「躺在這裡的骨頭正等著你加入」，毫無禁忌。一向小心又無膽的內人說：「進去教堂要唸阿彌陀佛。」我開玩笑說：「歐洲是屬於天主教的天地，佛陀是無能為力拯救妳的，要唸阿門……」，其實我知道佛教告訴我人死後什麼都沒有了，有什麼好害怕的！這座小禮拜堂是由一位方濟會的修士設計而成的，建於西元十六世紀。

這個教堂的設計，有點像墓穴，裡面的燈光有些昏黃，氣氛非常詭異，同團的伙伴有一家人，不敢進入此教堂，怕被這些冤魂纏身，進入參觀的人都呈現驚慌的臉，有一位朋友告訴我，進入人骨教堂，相機竟然無法對焦，拍出來的照片會不清楚。教堂中的牆排著密密麻麻的骨頭，有頭骨及骨架，暗暗的燈光，讓人感到毛骨悚然。

西班牙的狂想世界

小時候對於西班牙的印象是西部牛仔與鬥牛，對勇猛智慧的鬥牛士感到敬佩，長大以後閱讀塞凡提斯的《唐吉訶德》後，對於唐吉訶德的處世精神有點敬佩。幾年前，前台灣省文獻館館長劉峰松，很喜歡這部小說，便以作者「塞凡提斯」之名在員林開了一家西班牙料理的餐廳，這家店位於員林鎮崇實高工旁的巷子，店面路旁有排林蔭綠道，員林鎮鬧中取靜的優雅環境。塞凡提斯充滿人文

↑唐吉訶德酒館／西班牙・攝影・張志輝

色彩，主題圍繞在騎士、愛情與信仰，對人生有激勵作用，他們賦予咖啡館的意涵，如同掛在門口的簡短字句，「一家給人信心、勇氣與愛情的店」。還成立唐吉訶德讀書會來閱讀這部小說，在店中引用了書中的一段話，以唐吉訶德自侃來暗喻自己：「我做了遊俠騎士以來，已經變得勇敢、文明、慷慨、豁達、高貴、有禮、敢作、敢為、和氣而耐性、吃得消勞苦、拘囚和著魔種種的了。」後來看到畢卡索的作品〈格爾尼卡〉，了解西班牙的內戰情形，這次從葡萄牙的艾芙拉坐遊覽車，穿過耀眼的陽光到達梅里達，然後抵達塞維亞，這些都是一個異國風情浪漫的城市。

這是進入西班牙的第一天，我們的團隊去看黃金塔、教堂、宮殿、路易莎公園、西班牙廣場瞻仰塞凡提斯的紀念碑，中午在一家名為「黃鶴樓」的中國料理店用餐，在異國吃中國餐，菜色與口味都走了調，或許這就是一種飲食習慣，它是容入外國人的飲食文化，以及不同的物產，最令我們感到不能忍受是太鹹了，相當重口味，對於平常吃很淡的我，真有點不習慣。晚上在一個在佛朗明劇場用餐，並欣賞佛朗明歌舞。來到西班牙一定要欣賞鬥牛與佛朗明歌舞，這次的行程中是安排歌舞秀。

這是一種帶點野性而強調節奏的歌舞，腳步踢踢踏踏富有速度感的舞步聲，配合了吉他與鼓聲，男舞者紳士的風度，與女舞者苗條又誘人的身材，讓觀眾隨著歌舞的動作起舞。

佛朗明哥（flamenco）起源於西班牙南方的安達魯西亞的音樂舞蹈藝術，發展於十八世紀末，十九世紀初，當時被稱為 Bailes de Candil（燭光之舞）。西班牙南方安達魯西亞的吉普賽人，常在入夜之後，到酒館裡（taberna,botilleria），或在自家的宅院中庭（patio），點著有點昏暗的油燈，唱歌跳舞狂歡到天明。在賽維雅（Sevilla），以 Triana吉普賽區最有名；在格拉那達（Granada）則是Sacramonte山區聚集最多佛拉明哥人，他們的中庭與酒館就是座落於這些山區的洞窟中。構成佛朗明歌的三大靈魂是吉他、舞蹈、歌唱。而這些都須伴有感情和節奏、氣氛及靈氣。傳統的佛朗明歌演出，通常是在小酒館裡，歌手唱著傳統的曲子，吉他手伴著歌手的演唱彈奏，有時即興來上一段美妙的旋律（falsetas）與歌曲呼應。而舞者可以拍手和著節奏，或進而起身舞上一段，以腳踩地做出繁複而扣人心弦的韻律。由於歌曲和吉他樂聲時而哀悽、時而歡愉，舞者情緒融入其中，上身肢體變有極富戲劇性的表情與手部動

作。除了歌舞之外，演了一齣〈卡門的歌劇〉，西班牙語的歌詞雖然聽不懂，但熟悉的音樂旋律與舞劇的故事是我所了解的，飲著紅酒陶醉在西班牙的浪漫歌聲裡。

歐洲之旅的第七天，我們抵達了安達魯西亞地區的格拉納達（GRANADA），為了去探訪摩爾人在西班牙人最後的宮殿「阿爾罕布拉皇宮」，這座建於蒼木蓊鬱的山巒之上，是摩爾人在「黃金時代」所遺留下之產物，精緻細膩的建築、清新脫俗的格調，驚世之美令人讚賞。阿爾罕布拉宮（Alhambra）是觀光客的最愛，其中的建築物分別有九世紀、十三世紀至十四世紀所建，包括城堡、王宮、卡洛斯五世宮等。這是在一二四八年，基督教國王費迪南三世

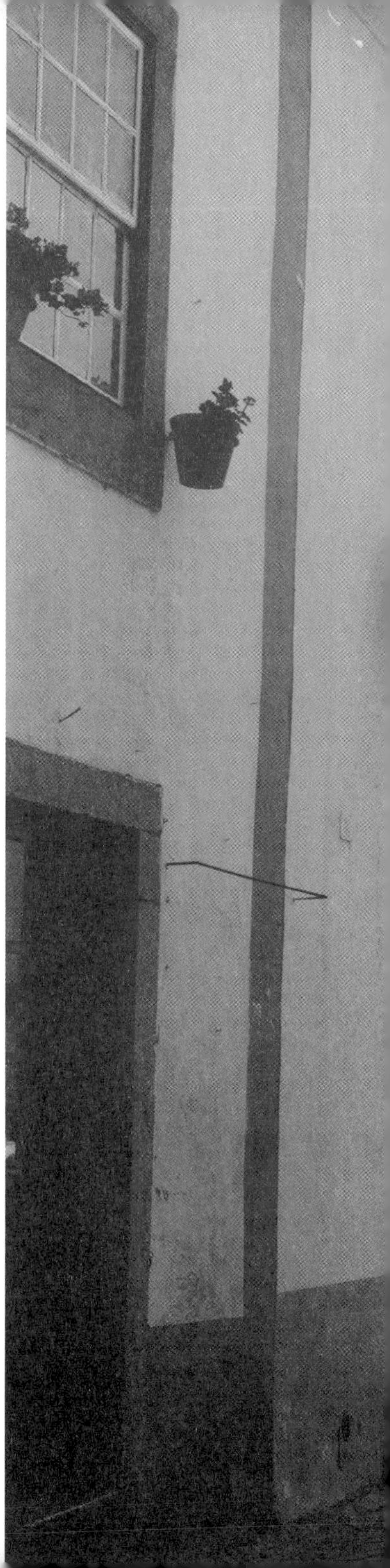

→攝影・張志輝

↑格拉那達・阿爾罕布拉宮／西班牙・攝影・張志輝

陸續收復哥多華和塞維爾，大批的摩爾人只得往格瑞納達遷徙，當時摩爾國王穆罕默德一世也將首都定都於此，而加速了此城的發展。格瑞納達三面環山，難攻易守，另外一面是大平原，物資豐富且交通方便，在摩爾人的統治下使得此城更加繁榮，人口增加到二十萬。為了定都於此，國王當然要建造一個自己的宮殿，就在山丘上興建了擁有城堡、宮殿、庭園的「阿拉伯式皇宮」，剛完成時，外圍的城牆呈赭紅色，故稱為「阿爾罕布拉宮」，也就是紅色宮殿的意思。西班牙領土原來是基督教王國，在西元七一一年，當時君主阿基拉打不過對手，找了北非的摩爾人（阿拉伯人）來幫忙，讓回教攻佔了西班牙中南部城市，不過也因為他們的大量移民，使安達露西亞發展成歐洲當時最有錢的王國。

十八世紀至十九世紀中，阿爾罕布拉宮曾經一度荒廢，成為小偷與乞丐聚集之地。一八〇八年至一八一二年，拿破崙大軍更把這邊當作駐紮的營地，在這段期間，不但挖掘甚至炸毀部分的塔樓。十九世紀時曾重建，為什麼會重建？必須從美國作家華盛頓．歐文寫的《阿爾罕布拉宮的故事》談起：華盛頓．歐文曾被稱為「美國文學之父」，在美國文學史上佔有重要地位。童年時偶遇喬治．華盛頓，景仰、崇拜之餘，產生為「美國之父——華盛頓」立傳之想法。四十九歲時下定決心，五十七歲起筆，七十二歲正式動筆，經四度寒暑終於完成此巨著，此傳記讓他享譽文壇。據說這位美國的文學泰斗，在一八二九年帶著好奇的心來到西班牙的阿爾罕布拉宮，當他進宮時發現皇宮中住滿游民與乞丐，於是他就拿了一封介紹信去見格拉那達的總督，質疑總督為什麼這麼好的宮殿不住，要住進城裡？總督解釋不住的原因後卻說：若你喜歡就讓你來住，華盛頓．歐文就住進此宮，於是開始去了解宮廷中發生的事情，他對格拉那達摩爾人的終結有許多感受，後來都寫在他的作品中。

華盛頓．歐文在阿爾罕布拉宮時，有一天晚上睡夢中被驚醒，他就舉著火把出去尋找傳說中的遊魂，終於發現傳說中夜夜哭泣的聲音，原來是宮中摩爾人設計的水管系統，流水經過管線所發出的聲音，於是白天他又下山，到耶穌會的圖書館查閱一些相關檔案後，印證了摩爾人傳說背後的真相。於是華盛頓．歐文寫出了這些故事，引起當局重視才重修阿爾罕布拉宮。有一位作家林達寫一本書《西班牙像一本歌》中寫著：「華盛頓．歐文寫的《阿爾罕布拉宮的故事》，如同為西班牙人拂去了熟悉無睹的舊物上的塵埃讓他們看到金子的光澤……阿爾罕布拉宮才有了今天的景象。」

這座皇宮吸引了世界各國的旅客來旅遊，不僅是作家描繪其故事，音樂家泰雷加也寫了一首《阿爾罕布拉宮的回憶》樂曲，這首樂曲，開始描寫古老淒涼的阿爾布拉宮，在絢麗的晚霞餘輝映照下閃閃發光，表現出往日王宮的豪華氣氛，緊接著以音符表達昔日的富麗堂皇與今天的肅穆幽靜相對比，寄託了作曲家對阿爾罕布拉宮無限的遐想和追思，最後是樂曲的尾聲，它把樂曲由高潮引向平靜，好似阿爾罕布拉宮的輪廓在灰濛濛的夜色中逐漸隱去做結束。

來到歐洲參觀古蹟，常常須要走好長的路，遊覽車停妥後，從山腳下走入一座大花園，在花園中聽到有流水聲，花園中還有噴泉，噴出的水流出嘩啦嘩啦的聲音，宮殿的庭院中也有水溝，水在溝渠中流動。聽說這些水是從山上涓涓流下來的泉水，引水的管線經過設計，流入廣大的庭園中，在庭院中養蓮，或變成變化多端的噴泉，成為宮中的盛景，我們也看到古建築的倒影躺入水中，讓遊客拍攝，讓水在庭園中變成一種藝術景觀，也讓人記起阿拉伯人的智慧。

石榴染紅的陌生之地

魏揚

西班牙印象

安達魯西亞省的廣漠高原，司機Fernando駕著巴士，在幾無車輛的公路上奔馳，由賽維亞一路向東南，前往西班牙南部大城，格拉那達。

一路翠綠橄欖樹，與成行成列的低矮葡萄園在窗外接力跑過，交錯出現在此處的平原與彼方的緩丘。偶爾，幾撮被陽光曬得老皮發燙的牛群，會慵懶地，找著一株葉蔭廣大的橄欖樹，或臥或站，渡一個地中海式的午后短假。

遠方被橄欖樹給染成翠綠的一座山頭，隨性而零星地散坐著幾棟有著紅磚屋頂、白泥矮牆的小屋，還有與地面貼得緊緊的雪白雲朵，雲朵背後襯著的一片藍得似乎要透出水來的天空，以及那輪高掛藍天的熱情火球。

這些充滿色彩的異國元件，低山緩丘，麥田果林，湛藍的天空與低垂的白雲，一針一線地編織成我的西班牙印象。

格拉ㄋㄚˊㄉㄚ˙

我們這趟兩個多小時的車程，填滿了導遊小陳的詳盡講解。歷史知識底子深厚的小陳一刻也捨不得停歇，將西班牙的歷史從大航海時代講到佛朗哥將軍發動的內戰，從羅馬人的墾殖，到西班牙人與摩爾人跨世紀的戰爭，再到伊莎貝拉的衆位子孫後裔。

車窗外，橄欖林葡萄架的地中海風景百里不變，車窗內，我們卻倏忽跳過十數個世紀。

當小陳講到我們目的地——格拉那達時，前座的玉蕙阿姨突然爆出一陣咯咯的笑聲，接著她帶著興奮表情，轉頭向我和媽媽低聲說出她的有趣發現：小陳每每講到「格拉那達」這個地名，不知怎麼地，總帶著某種ㄋㄞ ㄋㄞ的口音。

格拉ㄋㄚˊㄉㄚ˙。

「這個呢？格拉ㄋㄚˊㄉㄚ˙呢？在西班牙文中是『石榴之城』

↑→攝影・張志輝

的意思。而當摩爾人第一次踏上格拉ㄋㄚˊㄌㄚ•的土地時，則稱呼這裡為『陌生的土地』。而格拉ㄋㄚˊ～ㄌㄚ•呢……」

媽媽與玉蕙阿姨對看一眼，彼此交換了某種意味深長的眼神，一起陷入無聲的歡笑。我亦笑著，轉頭繼續望向窗外。額頭頂著那片被陽光曬得暖熱的車窗，讓西班牙的熱情透過玻璃，傳遍全身。

我們與小陳口中的「格拉ㄋㄚˊㄌㄚ•」，便如此在笑聲中打過第一次照面。

陌生的土地是他們死守的美麗

然而，在西班牙歷史上，「石榴之城」格拉納達的故事，卻是書寫在一匹沾滿血跡與淚痕的卷軸之中，她的輝煌名號是由一次次的勝利與幻滅、權力與恥辱所層層建構而成。

打從摩爾人在格拉納達的山嶺前低聲呢喃出「陌生的土地」開始，格拉納達美麗卻悲淒的歷史便有了呼吸，有了初啼。西班牙與摩爾人長達七世紀的爭戰中，這座地勢險要的城市不曾缺席，也無法缺席。事實上，在基督教勢力一路進逼西班牙的過程中，她堅持到底，到最後成為伊斯蘭王國在伊比利半島上唯一僅存的領土。

直到一四九二年，基督教的十字架終於敲開格拉納達的大牆，西班牙國王費迪南二世與女王伊莎貝拉，乘著面無表情的高大駿馬踏入「紅宮」阿爾罕布拉宮的城門，帶著傲慢的眼神，掃視著四周樓塔上的伊斯蘭標誌。

女王握著權仗的手輕輕揮下。「所有的新月被十字架所代替」。

格拉納達終於低下她那向來直挺的頭顱，混雜著血珠的淚水，默然地滴入那些屬於強者的喧囂歷史間隙，冒出成叢火紅的石榴花。

不論是摩爾人心中那片陌生的土地，還是西班牙人口中那座豔紅的石榴之城，格拉納達總帶有某種失落的表徵。她的城門像是一位靜默的老者，俯首凝視世紀遷移，細數民族生滅，瀏覽政權起落。

刻一字，低頌一句古蘭經

格拉納達的驕傲，西班牙伊斯蘭式建築的極致，「紅宮」阿爾罕布拉宮（Al hambra），如今仍然沉默卻耀眼地座落在格拉納達的崇山峻嶺上，在蓊鬱的高聳樹林之中流露紅光。

我們走進那片紅光之中。宏偉的城牆躲在繁生叢長的滿山林木背後，時隱時現；幾座高過樹頭的城塔，仍盡職地挺腰直站。塔上的箭孔如一雙雙憤怒的圓眼，直勾勾地瞪視那些入侵它守衛了千年的領地的絡繹旅客。似乎一四九二年的那次屈膝，不過是場漫長的惡夢，似乎數個世紀前的征服，只是歷史上純粹偶然的誤會。

過了一座由紅磚砌起的大門，我們便走進了歷史。

古老的磚色牆垣泥灰斑駁剝落，上頭沒有多少華麗的雕飾，只有歷史用為時千年的耐心輕柔撫出的時光印痕。碧藍的天空下赭紅的高塔無語，無視於腳下喧囂川流的各色遊客，依然高站在La Sabica的山巔，向下守衛著她的城市，看護著她歷史。

宮內的牆上、柱上，無一不密密麻麻地刻滿了古蘭經的經文，那些都是阿爾罕布拉宮的珍寶，是禁止遊客觸碰的。那些經文雕工細膩，每個筆畫的環轉勾捺都無比精致。

一個畫面走進我的腦中。

摩爾人工匠手中握著一把雕刻刀，汗水自他緊緊纏繞的頭巾中滲出，一路流過黝黑的臉頰進入那叢濃密的鬍鬚。他懷抱著一種幾近奉獻的藝術執著，一刀一筆朝著牆壁樑柱刻劃他的信念。

刻一字，低頌一句古蘭經。

巴布迪爾的最後嘆息

倚靠城牆，我俯視山腳下的格拉納達老城區。遠方的山麓有殘缺的城牆片段，還有幾座零星散佈的戰時窯洞。

我凝望著這一切，腦中浮現的畫面如一首壯烈的史詩。

格拉納達王朝末代國王，西班牙人稱「巴布迪爾」的穆罕默德十一世，孤單地站在城牆邊，望著山腳下的格拉納達平原。成片的西班牙旗幟在風中飄揚，無邊無際的槍頭刀刃在一月的夕照下，映射出刺目的寒光，看得國王滿心冷意。

對西班牙王國的承諾已經到期，兩個月來，沒有任何穆斯林勢力對格拉納達這座孤立伊比利一隅的危城伸出援手。巴布迪爾似乎可以聽見費迪南與伊莎貝拉在遠方的軍帳的笑聲，訕笑這座在寒冬中冀望著溫情的城市。

回身凝望，阿爾罕布拉宮的紅光在夕陽的斜照下又更深了幾層，整座宮殿就像是一大把燃燒的火鉅，襯著紫橙色的雲霞，散發出一股美麗卻無奈的哀愁。

「石榴之城」開城投降了，那對高貴的西班牙夫婦，從屈膝俯首的巴布迪爾手中，接過格拉納達的城鑰。所有塔樓上的伊斯蘭月亮，都被十字架給戳下，天主教的馬蹄踏響每一座清真寺廣闊清幽的前廊。

伊比利半島上那朵尊貴美麗的石榴花依然嬌艷欲滴，只是換了主人，別上了另一個姑娘的髮髻。

西班牙國王下令：所有的摩爾人都要逐出格拉納達。留下來的，只有兩種選擇，或皈依天主，或用鮮血為格拉納達的紅土增色。

←攝影・張志輝

LANAS

在巴布迪爾黯然前往摩洛哥那天，城中的高塔沒了定時的呼喊，清真寺也少了低喃的頌經聲，而格拉納達的石榴花，看來卻比平日更為鮮紅。

橙黃夕照．綠叢紅宮

我們在陽光仍充滿活力的正午時分離開阿爾罕布拉宮，所以當我回頭凝望她最後一眼時，她的美仍是亮麗的，仍是那抹鮮明且跳躍的紅。

然而我不禁回想，五個世紀前，那個讓摩爾人心碎的一月，當巴布迪爾被趕出他的皇宮，在「摩爾人最後的嘆息之丘」流著淚回首凝望時，他透過濕濡的淚眼所看到紅宮，是否像一盆即將熄滅的炭火。燦爛的嫣紅卻是終要歸於平靜的餘熱。

黃昏垂陽下的阿爾罕布拉宮，想必會是一派令人心醉且心碎的美景吧？我想，那會是種截然不同的景致，也會是格拉納達最令我沉醉的時刻。然而我們卻必須在正午向她道別，這是我們的不幸，為此我們無法欣賞這座城市最美的一刻；不過這也是我們的幸運，不需目睹一座城市再次沉入歷史的哀痛夕幕。

同時帶著感動與遺憾，我離開了格拉納達，那曾經的陌生之地，那座總是在夕照下被石榴花染紅的城市。

浮光掠影

圖・蔡全茂／文・廖玉蕙

歐遊城市速記

→攝影・張志輝

新人・法國

「執子之手，與子偕老。」
一對璧人在眾人面前宣示
託付終身的誓約，滿堂的賀客
都激動得紅了眼眶。

婚宴古堡．法國

走過橋，推開門，古堡
內盈耳的笑聲立即拉開甜蜜
婚姻的序幕。

LV精品店．法國香榭大道

法國國旗高高懸掛，LV是法國的驕傲。

穿上華服，拎起名牌包，從LV昂然走出，再到緊鄰的花神咖啡館紅帳棚下喝杯濃烈的咖啡，感覺忽焉走入上流社會。

小鎮風光．法國

靜悄悄的小鎮上，每戶的人家都安穩靜美，彷彿預示了幸福的可能。

蒙馬特畫家村．法國

綠蔭下，萬頭鑽動，藝術村的魅力不同凡響。蒙馬特的畫家，不只畫風景，也畫人情。

蒙馬特的老畫家．法國

請坐！讓我為你描容寫真。

老畫家的筆，在畫紙上沙沙移動，勾勒輪廓，再描線條，肌理浮出，神情宛現。畫家畫遊客，而我站在人叢間，反過來捕捉他們的容顏。

中世紀遺跡．葡萄牙奧比多斯

彎彎曲曲的小徑深處，紅瓦白牆矗立。旅客踩著中古世紀留下的足跡前進，想一探古人的生活起居。

仙達皇宮旁的建築．葡萄牙

仙達皇宮內，留下皇家炫人耳目的排場。

多年後，尋常百姓在皇宮旁找尋生機，搭起紅頂帳篷，讓咖啡的濃香羈絆觀光客匆驟的步履。

中古世紀古城·葡萄牙奧比多斯

順著山勢蜿蜒的城牆，展露迤邐的優雅風姿；由鮮花和橙樹點綴出的小巷風光，透露曾經的美麗。

馬德里的市徽．西班牙

熊抱樹的市徽，有個溫暖的傳說：一位玩耍的小孩忽見大熊迎面而來，機警地爬到樹上躲藏，卻見媽媽尋來，他著急地朝著樹下高喊：「媽媽快跑！」

「媽媽快跑！」於是成了城市的名字。

艾芙拉．葡萄牙

被橄欖樹林和葡萄園包圍的羅馬古城艾芙拉，保有中古世紀與文藝復興時代的建築風格，市區建築深受摩爾文化影響，小街道常有拱門橫越。

百花巷·西班牙哥多華

出了百花巷，高聳的清真寺迎面而來。

拱柱廳裡，數百根紅白相間的圓拱，在暈黃的照明下，呈現明暗交疊的視覺美感，讓人目眩神怡。

西班牙教堂．西班牙

風吹雨打，世代更迭，巴洛克式教堂依舊肅穆莊嚴地佇立，冷冷地諦視西班牙皇室在對面華麗的皇宮內享樂歡宴，並歷經傾軋、翻覆，改朝換代的興衰。

忘鄉之水．西班牙

回不去的家鄉，是多少羈旅在外者的胸中塊壘。

熱鬧的巴塞隆納蘭布拉斯大道起點，竟是大樹下的「忘鄉之水」。喝了吧！誰知明日將如何！苦思遙遠的家鄉，莫若投入眼前的歡愉。

傳統樂師．
西班牙格拉那達

「容我們為你們唱一支歌，彈一首曲子。」據說是當地大學音樂社團的成員，在觥酬交錯的午餐時刻，以傳統西班牙的樂器傳送出熱情的音符。不知是美好的音樂？抑或香醇的紅酒煞時染紅了觀光客的雙頰。

街頭藝人．西班牙巴塞隆納

十里洋場的都會處處是謀生的機會，兩人相對席地而坐，兩把琴合著拉出或哀怨、或歡樂的節奏。過往的客倌哪！如果聽得出神，就請在琴盒裡丟下您的滿意吧！

老乞婆．西班牙馬德里

佝僂著背，向衣衫光鮮的路人求乞一點憐憫。衣衫襤褸的老乞婆，拄著拐杖，一身漆黑地站在垃圾桶前，伸出手，期盼取回的是一線活下去的希望。

唐·吉軻德·西班牙拉曼查唐吉軻德小酒館

塞凡提斯小說中的人物唐·吉軻德，竟然堂而皇之地走在西班牙的各處街道。他不定點質問你：敢於衝擊社會不合理體制嗎？他不定時提醒你：敢於堅持自己的觀點到底嗎？

導遊和司機．西班牙托雷多

護城河彎彎圍繞，矮矮的城牆一路迤邐，古老的石板路叩叩作響，……除此之外，我們還要帶他們去哪裡見識迷人的中古風情？導遊和司機悄聲商量著。

過客．西班牙巴塞隆納

你是過客我也是。她支頤沈思：回家以後該從哪一間打掃起？LV的皮包該何時提？他打開筆記型電腦，敲下鍵盤，做最後的一筆生意。

回家去．西班牙巴塞隆納

那廂修女們低頭竊竊私語；這廂我們排隊等候登機。離家五百里，我們急著回家去。就不知眼前這些遠離紅塵的修女們討論著的是人間還是天堂的消息？

康原．西班牙巴塞隆納

唉呀！慘了！這群難搞的作家怎樣才能讓他們準時繳稿！我得費點心思才成。回台灣後，我先騙甲：乙已經繳了；再回頭哄乙：甲早就乖乖繳卷；然後，再告訴丙：大師！你比較重要，你必須寫兩篇。呵呵呵……康原露出詭譎的笑容。

國家圖書館出版品預行編目資料

巴黎的那場婚禮／康原編著. —初版.— 臺中
市：晨星，2009.06
224面；15×21公分.（文學館;43）
ISBN 978-986-177-291-2（平裝）

1. 遊記 2.旅遊文學 3.歐洲

740.9 98008894

文學館43

巴黎的那場婚禮

編者	康 原
文字作者	康 原 、廖 玉 蕙 、楊 翠 、岩 上 、蕭 蕭 、賴 芳 伶 等
影像作者	蔡 全 茂 、張 志 輝 、嚴 玟 鑠 、周 世 添
文字編輯	林 美 蘭
發行人	陳 銘 民
發行所	晨星出版有限公司 台中市407工業區30路1號 TEL:(04)23595820 FAX:(04)23597123 E-mail:morning@morningstar.com.tw http://www.morningstar.com.tw 行政院新聞局局版台業字第2500號
法律顧問	甘 龍 強 律師
製作	知己圖書股份有限公司 TEL:(04)23581803
初版	西元2009年06月30日
總經銷	知己圖書股份有限公司 郵政劃撥：15060393 〈台北公司〉台北市106羅斯福路二段95號4F之3 TEL:(02)23672044 FAX:(02)23635741 〈台中公司〉台中市407工業區30路1號 TEL:(04)23595819 FAX:(04)23597123

定價280元

（缺頁或破損的書，請寄回更換）

ISBN 978-986-177-291-2

Published by Morning Star Publishing Inc.

Printed Taiwan

◆讀者回函卡◆

以下資料或許太過繁瑣，但卻是我們瞭解您的唯一途徑
誠摯期待能與您在下一本書中相逢，讓我們一起從閱讀中尋找樂趣吧！

姓名：＿＿＿＿＿＿＿＿＿＿ 性別：□男 □女 生日： ／ ／

教育程度：＿＿＿＿＿＿＿＿

職業：□學生 □教師 □內勤職員 □家庭主婦
□SOHO族 □企業主管 □服務業 □製造業
□醫藥護理 □軍警 □資訊業 □銷售業務
□其他＿＿＿＿＿＿＿＿＿＿

E-mail：＿＿＿＿＿＿＿＿＿＿＿＿＿＿ 聯絡電話：＿＿＿＿＿＿＿＿

聯絡地址：□□□＿＿＿＿＿＿＿＿＿＿＿＿＿＿＿＿＿＿＿＿＿＿＿＿

購買書名：巴黎的那場婚禮

·本書中最吸引您的是哪一篇文章或哪一段話呢？＿＿＿＿＿＿＿＿＿＿＿＿

·誘使您購買此書的原因？

□於＿＿＿＿＿書店尋找新知時 □看＿＿＿＿＿報時瞄到 □受海報或文案吸引
□翻閱＿＿＿＿＿雜誌時 □親朋好友拍胸脯保證 □＿＿＿＿＿電台DJ熱情推薦
□其他編輯萬萬想不到的過程：＿＿＿＿＿＿＿＿＿＿＿＿＿＿＿＿＿＿

·對於本書的評分？（請填代號：1. 很滿意 2. OK啦！ 3. 尚可 4. 需改進）

封面設計＿＿＿＿＿ 版面編排＿＿＿＿＿ 內容＿＿＿＿＿ 文／譯筆＿＿＿＿＿

·美好的事物、聲音或影像都很吸引人，但究竟是怎樣的書最能吸引您呢？

□價格殺紅眼的書 □內容符合需求 □贈品大碗又滿意 □我誓死效忠此作者
□晨星出版，必屬佳作！ □千里相逢，即是有緣 □其他原因，請務必告訴我們！
＿＿＿＿＿＿＿＿＿＿＿＿＿＿＿＿＿＿＿＿＿＿＿＿＿＿＿＿＿＿＿＿＿＿

·您與眾不同的閱讀品味，也請務必與我們分享：

□哲學 □心理學 □宗教 □自然生態 □流行趨勢 □醫療保健
□財經企管 □史地 □傳記 □文學 □散文 □原住民
□小說 □親子叢書 □休閒旅遊 □其他＿＿＿＿＿＿＿＿＿＿＿＿

以上問題想必耗去您不少心力，爲免這份心血白費
請務必將此回函郵寄回本社，或傳眞至（04）2359-7123，感謝！
若行有餘力，也請不吝賜教，好讓我們可以出版更多更好的書！

·其他意見：

晨星出版有限公司 編輯群，感謝您！

請填妥後對折裝訂，直接投郵即可，免貼郵票。

廣告回函
台灣中區郵政管理局
登記證第267號
免貼郵票

407
台中市工業區30路1號
晨星出版有限公司

請沿虛線摺下裝訂，謝謝！

更方便的購書方式：

(1) 網站：http://www.morningstar.com.tw

(2) 郵政劃撥 帳號：15060393

戶名：知己圖書股份有限公司

請於通信欄中註明欲購買之書名及數量

(3) 電話訂購：如爲大量團購可直接撥客服專線洽詢

◎ 如需詳細書目可上網查詢或來電索取。

◎ 客服專線：04-23595819#230 傳眞：04-23597123

◎ 客戶信箱：service@morningstar.com.tw

·攝影·張志輝

攝影・張志輝